平凡社新書
1008

世界はさわらないとわからない

「ユニバーサル・ミュージアム」とは何か

広瀬浩二郎
HIROSE KŌJIRŌ

HEIBONSHA

はじめに――「さわれない」時代の「さわらない」人々へ

世界はさわらないとわからない。二〇二〇年〜二二年のコロナ禍の状況下、僕は何度となくこの言葉を心の中で呟いた。二〇二一年九月〜一一月に開催した特別展「ユニバーサル・ミュージアム――さわる！〝触〟の大博覧会」は、僕のこれまでの研究と実践の集大成ともいえる大イベントである。さわることの奥深さ、豊かな可能性を多くの人に伝えたい。こんな思いで僕は国立民族学博物館に着任した二〇〇一年以来、十冊余の著作を刊行し、展覧会やワークショップなどの企画にも取り組んできた。「ユニバーサル・ミュージアム＝誰もが楽しめる博物館」を掲げて少しずつ前進する僕の活動は、さまざまな仲間との出会いを通じて鍛えられ、発展し続けている。

さあ、いよいよ「ユニバーサル・ミュージアム」に関する最先端の研究成果を結集し、特別展という形で大々的に公開しよう。熱い思いと不退転の決意で特別展準備に奔走する真最中に、文字どおり想定外のコロナ禍がやってきた。各方面で「非接触」が強調されるようになり、僕の特別展計画も一年の延期が決まった。そして、二一年九月の特別展オープンを迎えるまで、展示場内外での感染予防対策を立てることに、膨大な時間とエネルギーを費やした。当初のプランを変更せざるを得なかった展示関連イベントも多い。「ああ、コロナがなければ……」「なぜ今、コロナに苦しめられることになったのか」。感染者数の増減、緊急事態宣言の発出・解除に一喜一憂する日々の連続だった。

通常であれば、僕の人生最良の日となるはずの特別展開幕なのに、盛大なセレモニーはもちろん、関係者向けの内覧会すら中止とされた。特別展オープンに合わせて、僕が自らを鼓舞するスローガンとしたのが「世界はさわらないとわからない」という語である。「こんな時だからこそ、さわることの大切さをしっかり訴えていかなければならない」「コロナ禍は僕の研究の価値、触常者（さわることに依拠する生活を送る人）として生きる意義を際立たせる効果をもたらした」。「世界はさわらないとわからない」という信念に突き動かされて、僕は長くて短い三か月の会期をまさに夢中で駆け抜けた。

コロナ禍と格闘しながら「なぜさわるのか」「どうさわるのか」という根本的な問いを社会に投げかける特別展は、幸いにもマスコミ等の注目を集め、会期中にはたくさんの新聞、テレビ番組で取り上げられた。来館者数は当初目標に届かなかったものの、会期後半の一一月にはコロナによる規制・制限も緩和され、展示会場は連日、多くの来館者でにぎわった。実験的な特別展を終えた今、コロナ禍の二〇二一年に大規模な「さわる展示」を実施できてほんとうによかったというのが、強がりでも痩せ我慢でもなく、偽らざる僕の本音である。あらためて、出展者・協力者のご支援に感謝したい。

人生の一大イベントが無事に終了し、次は何をめざそうかと考えている時に、「まずは、この前例のない『大博覧会』の記録をきちんと残し、後世に伝えていかなければ」という強い思いが湧き上がってきた。コロナ禍のために、特別展に来られなかったという人は少なくない。また、SNSなども活用し、広報には力を入れたつもりだが、「特別展のことをまったく知らない」「そんな展示があるのなら、行ってみたかった」という声もよく耳にする。そこで、二〇二〇年～二二年の怒濤の日々を振り返り、一冊の本を作ることにした。

本書は、コロナ禍の中で迷い悩みながら「さわる」ことの意味を追求した全盲の文化人類学者の「生の証」である。それと同時に、新型コロナウイルスの登場によって到来した「さわれない時代」、目に見えないウイルスを過度に恐れる「さわらない人々」に対する触常者からのメッセージ集ということもできる。

本書は二部構成である。第一部は「書く――手と頭を動かす」というテーマの下、特別展関係で執筆した論文・エッセーを再編集し、書下ろしの章も加えて、読みやすく配列している。第二部では「話す――口と体を動かす」という括りで、対談・インタビュー・講演での発言を紹介した。

第二部の中心となっているのは、二〇二一年度の京都新聞社のキャンペーン企画「日本

人の忘れもの 知恵会議」の座談会・対談（全六回）の報告である。特別展の準備で超多忙となる中、月一ペースで半年間、「話す」仕事をするのは精神的に少々しんどい面もあったが、自らの言葉を磨く修練の機会をいただいたのはありがたい。この企画のホスト役に僕を抜擢してくださった京都新聞社の内田孝さん、三浦隆弘さん、および各対談相手、座談会参加者が本書を編む原動力を与えてくれたことに対し、お礼を申し上げる。

僕の場合、「書く」と「話す」の往還の中から新しい発想が生まれるケースが多々ある。「講演の雰囲気、勢いであんなことを言ってしまったが、もう少し整理して書いておこう」「先日書いた文章は我ながら小難しかったので、今日は小学生にもわかりやすいように平易な表現で語りかけてみよう」。自分の実体験を通して、「書く」ことと「話す」ことは表裏一体なのだと実感する。

本書の第一部と第二部では、「書く」と「話す」の違いは明確だが、内容的には若干の重なりがある。この重なりから、僕が迷い悩みながら少しずつ前進する姿を読み取っていただければ嬉しい。第一部はじっくり頭を使って読んで、第二部で僕の思想のエッセンスを体で確認する。あるいは、講演会に参加するような気分で（時に声も出して）第二部を楽しく読んで、第一部では僕とともに手探りしつつ、ユニバーサル・ミュージアムの多様な側面に触れていただく。どちらの読み方・順序も読者各位の自由であり、みなさんが個々の感覚で「書く」と「話す」の往還を追体験してもらえればと願う。

最後に、本書は世間に流布するいわゆるコロナ本とは異なる。コロナ禍があろうとなかろうと、僕の研究の主題は不変・普遍である。「さわれない時代」はそんなに長く続かないだろう。そして、「さわらない人々」も遠からず自己の生活様式を再考するに違いない。本書タイトルで僕は「さわるとわかる」ではなく、より強いニュアンスを持つ「さわらないとわからない」を用いた。「さわらない人々」は、世界に遍在する貴重な事物の感触を忘れている。その真意は、「新たな文明学の確立」を標榜する本書を読まなければ「わからない」。この本は、人類が「さわる」という行為そのもの、「さわる」から得られる不可視の世界を取り戻すきっかけになるだろう。

僕が世界にさわれば、自分と世界がつながる。いつしか僕と世界は一体化し、内部と外部の境界がなくなる。どこまでが自分なのか。僕は世界の一部で、世界は僕の一部でもある。そう、だから世界はさわらないとわからないのだ！

二〇二二年五月　初夏の訪れを肌で感じる日に

広瀬浩二郎

世界はさわらないとわからない●目次

第一部　書く——手と頭を動かす

1　失明得暗——新たな「ユニバーサル」論の構築に向けて

失明を説明する発明

失明とは不幸なのか。「そんなこと、当たり前ではないか」と感じる方が多いだろう。たしかに、失明によって、できることができなくなるケースは枚挙に暇《いとま》がない。僕自身は一三歳の時に失明し、以来四〇年、「全盲」状態で暮らしている。現代社会は目が見える人の論理で成り立っているので、目の見えない僕が不自由・不便を味わうことは多々ある。一方、四〇年も「お先真っ暗」な生活を続けていると、「人生とは先が見えないからこそおもしろい」とも実感する。「全盲者は困ることもあるが、視覚に惑わされない生き方はけっこう楽しい」。これは、現在の僕の素直な心境である。

本来、「失明」と「得暗《とくあん》」は表裏一体であり、目が見えなくなるとは、明を失うと同時に、暗を得る効能を人間にもたらす。近代化の流れの中で、人類は視覚に過度に依存する生活を送るようになり、得暗の価値が忘却されてしまった。「失明＝得暗」の本義を探究することによって、人類は近代文明の桎梏《しっこく》から解放されるのではなかろうか。いきなり結論めいたことを述べたが、目が見えないこと、すなわち障害を多角的な観点でとらえ直してみたいというのが、近年の僕の研究・実践の主題となっている。失明の意味を説明する暗中模索の旅は、きっと新たな発明に至るに違いない。僕はそう信じている。

明と暗の関係を再検討するきっかけを僕に与えてくれたのは、夏目漱石の小説『明暗』である。本作は漱石最晩年の新聞連載小説で、彼の死により未完となった。この小説で、漱石は明と暗が簡単に分離・区別できないことを力説する。ストーリーは、主に登場人物同士の会話形式で展開していく。近代社会において、人々は善悪・正邪・優劣など、二項対立の発想で物事を判断する。「文明」が「未開」を支配・教化するという植民地主義も、近代化の産物といえよう。

しかし、そもそも善と悪、正と邪、優と劣は簡単に決めることができるのだろうか。さらに、それを決めるのは誰なのか。漱石は近代的なエゴイズム（二項対立の世界観・人間観）からの脱却をめざし、「則天去私《そくてんきょし》」の理念を提唱した。則天去私の境地を作品化したのが『明暗』である。『明暗』の結末が文豪の手によって描かれなかったのは残念だが、逆にそれゆえに本作は、二一世紀にも読み継がれる「問いかけの書」になったということができる。

明と暗はつながっている。明の中に暗があり、暗の中にも明がある。僕は漱石の『明暗』に刺激され、本章で「失明得暗」という造語（四字熟語）を提案したい。もともと不可分だった失明と得暗が分け隔てられ、失明のみが強調されるようになったのはなぜなのか。得暗の復権は可能なのだろうか。具体的な事例を挙げながら、考察を深めていこう。

「見え方＝見方」の多様性

僕が失明した四〇年前、大半の眼科医は「目の見えない人を見えるようにすること」を使命としていた。つまり、「失明者＝現代医学の力では目が見えるようにならない人」は、眼科医の守備範囲から外れることになる。この図式は、基本的に今日も同じである。しかし、近年は医学と福祉、リハビリの連携を意識する眼科医も確実に増えている。「ロービジョンケア」という語も広く用いられるようになった。

これまで、人間は「見える／見えない」に二分されてきたが、じつはその間には多種多様な「見え方」の人が分布している。遠視・近視・乱視、そして弱視など、人の見え方は、まさに十人十色である。僕自身はさまざまな見え方を経験し、最終的に全盲にたどり着いた。元来、全盲者は視覚的に明と暗を識別することができない。いや、むしろ全盲とは視覚に惑わされない生き方、近代的な明と暗の相剋から解き放たれる自由な状態というべきだろうか。

一般に、失明とは「見える」から「見えない」への転落と考えられがちだが、見え方のゆるやかな変更・移行と定義する方が実態に即している。「私たち」（見える人＝健常者）・「彼ら」（見えない人＝障害者）は、二項対立の存在ではない。「私たち」と「彼ら」の住む世界は地続きであり、両者の間には多彩な見え方のグラデーションが広がっている。高齢化社会の到来に伴い、人の見え方は今後ますます多様化していくのは間違いない。地続きの認識が定着すれば、障害に対する偏見も是正されるだろう。

見え方の多様性を尊重することで、事物の見方も変わっていく。文字どおり「色々な見方」を味方にした人間は、強くて柔軟な思考力を持つ。繰り返しになるが、眼科医の仕事は「障害者を健常者化すること」のみではない。さまざまな見方・見え方をありのままに受け入れる心構えを育む。そんな眼科医の新たな役割は、則天去私の理念にも通じる。両者の意外な共通点に気づいたのは、僕にとってささやかな発見だった。漱石の『明暗』を読みながら、あらためて僕はロービジョンケアの現状と課題を整理した。

盲学校で獲得した〝点字力〟

次に、僕自身の得暗体験を紹介しよう。一三歳で失明した僕は、できるはずのことができなくなり、大いに戸惑った。もっとも大きな変化は歩くことである。人間は無意識のうちに目で安全を確認し、前へ進む。この確認ができなくなった僕は、当然よく壁にぶつかり、通学路で立ち往生する。視覚に頼らずに歩くためには、触覚・聴覚をフル活用しなければならない。一三年間親しんできた視覚依存型の「生き方＝行き方」（Way of Life）は、徐々に非視覚型へシフトしていった。

僕が触覚・聴覚依存型の「生き方＝行き方」を身につける上で自信となったのが点字の習得である。初めて点字の凸点に触れた際、「こんなブッブツ、読めるわけがない」と感じた。だが、盲学校では点字の教科書を触読しなければ、授業に参加することができない。僕の周囲では、同級生たちがすらすら点字を読んでいる。「あいつにできるなら、俺だって……」。僕はぶつぶつ文句を言いながら、連続する凸点を指先で追った。

そのうちに、ランダムに並んでいる凸点は僕の頭の中で明確な形を作り、文字が単語、文となっていく。「読めたぞ！」という喜び、眠っていた感覚が開く興奮が指先から全身に広がった。「点字＝さわる文字」との出合いを介して、失明後、ようやく僕は「できない」を「できる」に変換することに成功した。「できない」が続く苦境の中で、新しく「できる」ことを開拓した僕は、触覚・聴覚依存型の「生き方＝行き方」の可能性を追求するスタートラインに立った。これが僕の失明得暗の原体験である。

余談になるが、昨今、各地の盲学校の名称が「視覚特別支援学校」に変更されている。この名称変更の背後には、特殊教育から特別支援教育への転換という文科省の方針がある。たしかに、「盲」という言葉に抵抗感を抱く当事者も多い。しかし、僕は「視覚特別支援」という用語に強い違和感を持つ。視覚支援とは失明の克服、足りない部分を補うというスタンスを示している。

盲学校の名前を変えるならば、「触覚・聴覚支援学校」とすべきではないか。触覚・聴覚支援学校とは、教育目標が非視覚型の「生き方＝行き方」の獲得であることを明示（いや、暗示？）する名称といえる。名は体を表すというが、視覚特別支援学校の名称の普及・定着によって、失明得暗の分断（失明の強調、得暗の忘却）がさらに加速してしまうことが懸念される。旧聾学校、旧養護学校などを含め、二一世紀の特別支援学校が「支援する人＝健常者」「支援される人＝障害者」の二項対立を助長してはなるまい。

点字に話を戻そう。点字の特徴は、以下の二点に要約できる。「少ない材料から多くを生み出したたかな創造力」「常識にとらわれないしなやかな発想力」。この二つを合わせて、僕は〝点字力〟と呼んでいる。ルイ・ブライユはわずか六個の点の組み合わせでアルファベット、数字、さまざまな記号を書き表す方法を考案した。六点点字が日本に導入され、五十音への翻案が確定するのが一八九〇年である。今日でも日本語点字は表音式で、発音どおりに書くことが原則とされている。「僕は東京から京都へ引っ越した」は、点字では「ぼくわ□とーきょーから□きょーとえ□ひっこした」となる（点字は文節ごとにスペースを入れて分かち書きする）。触覚文字である点字が、じつは聴覚依存型の「生き方＝行き方」を内包していることは興味深い。

点字が汎用化する以前、欧米、日本の視覚障害教育の現場では「浮き出し文字」（凸文字）が使われていた。アルファベットにしても、漢字にしても、視覚文字は複雑な線で構成されている。木・紙・金属などを用いて、視覚文字をさわってわかるように工夫したのが浮き出し文字である。浮き出し文字を読み書きするには時間がかかるが、ルイ・ブライユ以前の盲学校では、「視覚障害者も健常者と同じ文字を使用すべきだ」という常識が支配的だった。この常識を覆したのがルイ・ブライユである。「触覚には線よりも点の方が適している」という信念に基づき、彼は実証実験を積み重ねて、ついに究極の「さわる文字」を編み出した。

最近はICTの進展により、視覚障害者のパソコン、スマホ利用が一般化している。視覚障害者の「点字離れ」が進み、多くの中途失明者は点字を用いずに、パソコン、スマホで情報入手・発信するようになった。だが、〝点字力〟は視覚障害者の「生き方＝行き方」の根幹である。失明後、僕自身が視覚障害者としてのアイデンティティを形成する過程において、点字が果たした役割はきわめて大きい。視覚障害の有無に関係なく、点字に込められた創造力と発想力は、閉塞した現代社会を改変するヒントを万人に与えてくれる。僕は、二一世紀の盲学校が〝点字力〟の拠点として再評価されることを願っている。そのためにも、「私的点字論」、または「点字的私論」を書き続けていきたい。

得暗の歴史的意義

一九八七年、僕は点字受験を経て大学に進学する。当時、僕は国際障害者年のスローガン「完全参加と平等」にあこがれていた。点訳された参考書・問題集で受験勉強をし、健

学生時代に名古屋の点訳ボランティアグループに作ってもらった『日本史辞典』（点字版）。原本はハンディサイズの辞典だが、それを点字にすると、電話帳のような冊子が99冊（本棚4段分）となる（写真上）。今日では視覚障害者もインターネットでさまざまな辞典を自由に検索できるが、30年前は大学で日本史を専攻する上で、この点字辞典が大いに役立った。現在、この辞典を使うことはほとんどないが、貴重な史料として、学生時代の思い出とともに大切に保管している（撮影：生田尚子）。

常者と同じ試験を受けて大学に合格する。これこそが、盲学校を卒業した僕にとって「完全参加と平等」の達成だった。大学受験を登山に例えるなら、健常者は視覚を使って頂上をめざす。一方、視覚障害者は触覚と聴覚を駆使して山登りに挑む。方法が違うだけで、ゴールは同じである。「自分は健常者のように何だってできる」。そんな高揚感とともに、僕のキャンパスライフが始まった。

自分は健常者と同じだという意識なのに、周囲の健常者は全盲の僕のことを同じとは見てくれない。障害者に対する世間の無理解、過大評価と過小評価の連続に、僕は少なからぬ苛立ちを覚えた。少数派である障害者は、まず「○○ができる」という具体例を健常者に示していかなければ、共感を得ることができない。大学進学はゴールではなく、「完全参加と平等」の出発点であることを僕は思い知らされた。

視覚障害者の近代史は、自立と社会参加の歩みであると総括できる。たくさんの先人たちが努力を重ね、障害者にも「できる」ことの幅を広げていく。健常者中心の社会の中で、障害者たちは己の居場所を探り当てるために、必死に頑張った。いや、頑張らざるを得なかったという方が正確だろうか。自立と社会参加の促進が目標とされる中で、当事者コミュニティにあっても、失明は克服すべき苦難と位置付けられるようになった。いつの間にか、失明と表裏一体だった得暗の価値は顧みられなくなってしまったのである。

僕自身も健常者との付き合いが日常化し、得暗の大切さを想起する機会が減っていった。

大学生の僕は相変わらず点字での読書を日々楽しんでいたが、点字では物理的に「できない」ことに突き当たるのもこのころである（一九八〇年代には国家公務員の採用試験でも、まだ点字受験が認められていなかった）。やがて、僕はパソコンを使って、視覚文字を読み書きできる技術の習熟に力を入れるようになる。僕は、点字の便利さと不便さを知る最後の世代、パソコンの威力に驚愕した最初の世代といえるのかもしれない。

そんな僕が再び得暗の意義を自覚するのは、日本史の専門課程への進学後である。研究を通じて、琵琶《びわ》法師・瞽女《ごぜ》・イタコなど、盲目の宗教・芸能者の活動に興味を持った。日本史の研究では、古文書の解読が必須とされる。点字使用の僕には、古文書を自力で読み解くことができない。どんなに努力しても「できない」ことがあるという厳然たる事実に直面し、僕の「完全参加と平等」幻想は脆くも崩れた。では、過去の盲人たちは「できない」こととどのように向き合っていたのだろうか。僕は自らの「生き方＝行き方」の方向を定めるという切実な動機を持って、盲人史の沃野に足を踏み入れることになった。

前近代の日本社会では、琵琶法師が多種多様な口承文芸（語り物）の創造者として活躍した。『平家物語』は、音と声で伝承された盲人芸能の代表作といえる。瞽女は盲目の女性旅芸人である。彼女たちも瞽女唄を各地に伝えた。イタコ（盲巫女）の生業は、死者の霊（目に見えない世界）との交信である。シャーマンであるイタコは、民衆のさまざまなニーズに対応するカウンセラーとしても村落共同体を支えた。前近代の盲人たちは、文字

（視覚）を使わない領域で個性を発揮していた。近代化とは、視覚を使わない彼らの活躍の場が狭められ、視覚を使えない障害者として差別される歴史ということができる。目の前の古文書が読めない現実に、悩み苦しんでいた僕は、琵琶法師や瞽女との出会いをきっかけとして、古文書を読まない研究方法を模索することとなった。

もう一つ、僕が前近代の盲人史を通して学んだのは、旅の意味である。中世の琵琶法師は、全国の寺社を頻繁に訪ねていた。瞽女は一年に三百日以上、旅に出ていたという記録がある。先述したように、視覚障害者にとって歩くことは多くの困難を伴う。公共交通機関が発達し、誘導用・警告用の点字ブロックが整備された今日でも、視覚障害者の単独歩行は危険と隣り合わせである。実際、座頭（盲人）が崖道などで転落・死亡したという伝説が各地に残っている。なぜ琵琶法師や瞽女は、点字ブロック・音声信号機がない「未知なる道」を歩いていたのだろうか。

視覚障害者が歩く際、全身の感覚（センサー）を総動員する。僕はこれを「探索型の歩行」と称している。いうまでもなく、探索に当たっては触覚（杖）と聴覚（耳）が重要な役割を果たすわけだが、それだけではない。足裏で地面の微妙な変化を察知し、顔の皮膚で風の流れや太陽の位置を推し測る。人・物のにおいによって、目に見えない気配を体感することもできる。第六感を含め、人間が持つ身体感覚の総称として、僕は「触角」という語を用いている。視覚障害者の単独歩行は、全身の毛穴から触角が伸びるイメージに近い。自分が歩く道の安全を視覚的に確認することはできないが、触角で得た情報を統合し、一歩ずつ「未知」の探索を続ける。「未知＝道」を切り開く歩き方は、視覚障害者の「生き方＝行き方」にもつながっているのではなかろうか。

視覚障害者が使う白杖は、触角のシンボルである。白杖は手の代わりとなって、さまざまな触覚情報を届けてくれる。また、白杖は音の響きや振動などで「未知＝道」の様子を伝えるセンサーでもある。一般に、人間（二本足）は動物（四本足）から進化したといわれる。たしかに、手を自由に使えるようになったことで、人間が新しい文化を生み育てたのは間違いない。だが、四本足から二本足になったことで、人間が失ってしまった感覚（動物的な勘）も多い。幸か不幸か、白杖を使用する視覚障害者は、三本足で歩いているともいえる。二本足から三本足への移行は、進化でも退化でもない。人間（二本足）と動物（四本足）は地続きの存在であり、その間を往還するのが失明得暗者、すなわち視覚障害者だということができる。

琵琶法師や瞽女は、自身の触角を鍛えるために歩いていた。触角は、彼ら独自の芸能を発展させるために不可欠な武器だった。『平家物語』や瞽女唄は、単に福祉的な文脈で支持されてきたわけではない。盲人たちが各地を歩き、触角でとらえた森羅万象の気配が、音と声による語りに集約された。それゆえ、『平家物語』や瞽女唄は、目が見える者には創造できない優れた芸能として評価されたのである。歩くことは語ること、唄うこと、さらには生きることに直結していたといえるだろう。

一九九〇年代、僕は九州や東北地方に残る盲人芸能のフィールドワークを通じて、前近代の琵琶法師や瞽女たちが、失明によって「できない」ことではなく、得暗によって「できる」ことで勝負していた歴史を知った。研究者としての道を模索する僕の関心は、「健常者と同じことができる」から「健常者と違うことができる」へ移っていく。結局、僕は琵琶法師や瞽女の芸能そのものを継承することはできなかったが、同じ目の見えない者として、歩く大切さは肝に銘じているつもりである。「目の見えない者は、目に見えない物を知っている」。そう信じて、これからも未知なる道の探索歩行を続けていきたい。

ルイ・ブライユの功罪

二〇二四年は、ルイ・ブライユによる点字の考案から二百周年となる記念の年である。おそらく、点字の母国であるフランスをはじめ、世界各国で祝賀行事が企画・実施されるだろう。近現代における視覚障害者の歩みを振り返ると、点字の登場によって彼らの自立と社会参加が促進されたことがよくわかる。点字は単なる文字というレベルにとどまらず、点字受験・点字投票などの例が示すように、視覚障害者の人権とも不可分に結び付いている。点字の普及と社会的認知が、視覚障害者の市民権拡充と密接に関わっていることをあらためて強調しておきたい。僕自身も学校教育、就労体験の要所要所で点字の恩恵に浴してきたので、ルイ・ブライユに対する感謝の気持ちは人一倍強い。

点字考案二百周年の記念イベントでも、世界中の視覚障害関係者、当事者からルイ・ブライユへの賛辞が贈られるに違いない。そして、「点字＝視覚障害者文化」の継承がさまざまな形で宣言されるだろう。そのこと自体に異論を呈するつもりはない。しかし、それだけでいいのだろうかという疑問が僕の心の中に芽生えているのも事実である。

ルイ・ブライユは「光の使徒」と称される。彼は一九世紀前半のフランスにおいて、文字を使えない視覚障害者に、自力で読み書きできる点字を与えた。点字発明の背後に、近代化の流れの中で不自由を強いられる当事者たちの文字に対する渇望があったことは看過できない。ルイ・ブライユの功績を僕流に要約すると、失明者に「明」を与え、「健常者と同じことができる」可能性を提示したとなるだろうか。

点字考案以前、盲人たちは文字を使わない世界に生きていた。その代表が日本の琵琶法師・瞽女・イタコである。彼らは得暗者とも呼べる存在だった。つまり、点字が発明されるまで、盲人は失明者と得暗者の両側面を保持していた。当事者コミュニティが点字の有用性を認め、「光の使徒」への称賛が広がる過程で、失明者の側面がクローズアップされ、得暗者の側面は忘れ去られてしまう。

誤解を恐れずに言うなら、点字の発明は、盲人を視覚障害者化したのである。僕は「盲人」「視覚障害者」を以下のように定義している。

盲人…目が見える人とは別世界の存在として生きた前近代の目が見えない人。琵琶法師・瞽女・イタコたちの盲人文化は独自性を持つが、排他的な側面も有していた。
視覚障害者…近代以降の目が見えない・見えにくい人。目が見えないことはマイナスであり、克服すべき「障害」と意識される。近代の視覚障害者史は「見えなくてもできること」を増やす苦労と工夫の歴史といえる。盲人は目が見えない人のみを指すが、視覚障害者には弱視者（目が見えにくい人）も包含されていることにも注意したい。

僕は二〇二四年、点字考案二百周年を得暗の復権の契機にしたいと考えている。得暗の再評価とは、「視覚障害者を盲人化する」試みでもある。もちろん、これは単純な前近代礼賛、懐古趣味ではない。二〇世紀の「完全参加と平等」を指向する障害者運動の成果を継承しつつ、前近代の盲人文化の精神を復活させる。そのために、まずは「失明＝得暗」の本義を再確認しなければならない。具体的には、失明の克服という観点ではなく、得暗の復権という切り口で点字にアプローチしてみたい。本章の締め括りとして、脱近代的な「点字＝ユニバーサルな触文化」論を提示しよう。

ユニバーサル社会の実現をめざして

国立民族学博物館に着任した二〇〇一年以降、僕は「ユニバーサル・ミュージアム」（誰もが楽しめる博物館）の実践的研究に取り組んでいる。近年では、博物館で蓄積してきた実践事例を観光・まちづくりなどの他分野に応用することにも意識を向けるようになった。世間一般では、「障害者・高齢者・外国人など、社会的弱者への配慮・支援を充実させることがユニバーサルである」と考える人が多い。これに対し、マイノリティへの個別対応を積み上げるだけではユニバーサルにならないというのが僕の意見である。

たしかに、各地の博物館を訪ねた際、点字パンフレットや音声ガイドがあれば、僕たち視覚障害者は嬉しい。だが、バリアフリー的な障害者サービスとユニバーサルは異なる。社会の多数派である健常者と博物館の関係をどうやって、どこまで変えていけるのか。視覚障害者対応を起点として、視覚優位・視覚偏重の博物館のあり方、従来の展示方法や教育プログラムの内容に改変を迫る。これがユニバーサル・ミュージアムの要諦である。

二〇二一年三月、観光庁が主催する「ユニバーサルツーリズム」のシンポジウムに参加した。ここでも車いす使用者・視覚障害者・聴覚障害者、あるいは高齢者に配慮した「人に優しい観光ツアー」の事例が数多く取り上げられていた。障害者対応に関心を持つ旅行社が増えるのはありがたいが、それだけでユニバーサルツーリズムを推進することができるのだろうか。ユニバーサルと同じようなニュアンスで用いられる言葉に「インクルーシブ」「アクセシブル」がある。たとえば既存の観光ツアーのメニューがあり、そこにどうやって、どこまで障害者が入っていけるのかを検討する。これはインクルーシブであり、アクセシブルだといえよう。

一方、既存の枠組みそのものを変えるのがユニバーサルである。視覚障害者対応の一環で、さわる鑑賞を取り入れるという発想ではなく、普段は視覚に頼って暮らしている健常者の鑑賞を「見る」から「さわる」へ変化させる。こんな狙いの下、僕は「無視覚流鑑賞」の展示、ワークショップを行なってきた。マイノリティの「生き方=行き方」を導入することで、新たな「ユニバーサル=普遍的」博物館、ツーリズムを構築できると、僕は確信している。今後も、ユニバーサルの意義を万人が実感できるような展覧会、観光ツアーを提案していきたい。

ユニバーサルの真意を子どもたちにわかりやすく伝える手段として、点字はきわめて有効である。現在、小学校の国語教科書で「点字」が取り上げられている。小学生は三年生～五年生の単元で、点字の歴史やルイ・ブライユについて学習する。今やルイ・ブライユは「子どもはみんな知っている有名人」である。一〇歳前後の成長期に、子どもたちが短時間でも点字について学ぶ意義は大きい。

しかし、小学校教育の現場では「点字=失明の苦難を克服する希望の光、バリアフリー社会の象徴」という理解でとどまっているのが実情である。「世の中には点字という特殊な文字を使う目の不自由な人がいます」「あなたたちは目が見えるのだから、視覚障害者には優しくしましょう」。小学校教員のこんな発言を耳にすることがよくある。やや厳しいコメントになるが、現状の「点字」学習は、「障害者／健常者」の二項対立を拡大・再生産する危うさを内包している。

僕は、点字とは「触文化への気づき、触文化からの築きを促すユニバーサルなツール」だと考える。この持論を実証するために、小学校での「点字」学習の新展開に向けて、以下の二つを提言したい。

①点字は日本語を書き表す「別の方法」であることを宣揚する…点字は福祉的な位置付けではなく、ローマ字と同じように、文字、日本語表記法の一つとして習得すべきだろう。点字は表音文字で、発音どおりに書くという合理性を有している。漢字仮名交じり文のみが日本語の表記法ではないことを具体例に即して示し、多様な文字文化、それらを用いる多様な人々の存在を伝える。

②実際に点字にさわって、触覚文字の特徴を指先で確かめる…視覚を使わずに、凸点の数や配置を探るゲームのような感覚で、気楽に点字に触れてもらいたい。視覚依存型の生活の中で、子どもたちが他の感覚の潜在力を発見するきっかけを与えるのが点字である。自己の内部に眠る「感覚の多様性」への目覚めは、全身の触角を鍛える第一歩にもなるだろう。

インクルーシブ、アクセシブルの発想では、失明の克服はできても、得暗の復権は難しい。近い将来、「失明得暗」という四字熟語が小学校の国語教科書に掲載されることを夢想しつつ、僕はユニバーサル社会の実現に向けて、各方面で〝点字力〟を巻き起こす活動に邁進しよう。

2　コロナ禍と特別展——二〇二一年を振り返る

一月　「三密」の新解釈

二〇二一年（丑年）の年賀状に僕は「サーロインのように味わい深く、ヒレのようにヘルシーな一年を！」と書いた。今年は僕が国立民族学博物館（民博）に着任後、二〇年となる。九月～一一月には、特別展「ユニバーサル・ミュージアム——さわる！〝触〟の大博覧会」を担当する。本展は僕の二〇年間の研究を集大成する企画であり、多くの来場者にとって味わい深いものになることを願っている。問題はヘルシーの方だろう。九月の特別展開幕までに、コロナ禍が終息し、来場者が安全に展示を楽しめる環境が整うことを切望する。もともと、本展は二〇二〇年の秋に実施される予定だった。四月に緊急事態宣言が出て、特別展の延期が決定した。昨年は在宅勤務が増え、出張も制限された。研究活動では不自由を強いられたが、コロナ禍はマイナスばかりではなかったと考えている。

僕の二〇二〇年を象徴する言葉は「三密＝三みつ」である。自宅や研究室など、密閉された空間で静かに過ごす。自分と、もっとも密接な関係にある「私」との対話を重ねる。多様な人が密集できる特別展のプランを練り上げる。濃密な三密体験を通じて、全盲の僕は自分、社会、自らの障害を「みつめなおす」ことができた。「三密＝三みつ」の成果として、二〇二〇年一〇月に『それでも僕たちは「濃厚接触」を続ける！』を刊行した。この新著は、いわばコロナ禍の副産物である。

感染拡大予防のため、人・物との濃厚接触、三密を避けるのは大切だろう。しかし、「さわらない・さわれない・さわらせない」昨今の社会状況は、時に過敏・過剰なのではないかと感じる。本来、人間のコミュニケーションにとって三密は重要である。また、文化とは人間同士の触れ合いによって育まれるものともいえる。そんな〝触〟が全否定されることに、僕は違和感、危機感を抱いている。

拙著のタイトルは、あえて「僕」ではなく、「僕たち」とした。視覚障害者の日常生活は、濃厚接触の連続である。点字の読み書きなど、触覚情報は視覚障害者のＱＯＬ向上には欠かせない。全盲者が外出すれば、周囲の人の支援（手助けと手伝い）が必要となる。「コロナ禍で視覚障害者は困っている」「さわらなければ生きていけない人がいることを思い出してほしい」。これらは事実だが、単に弱者からのメッセージを発信するのが拙著の目的ではない。「非接触社会から触発は生まれない」。こんな僕の信念を健常者、視覚に依拠して暮らす人々に届けたい。〝触〟の普遍的（ユニバーサル）な意義を認め、「僕たち」の仲間に加わってくれる人をどこまで増やすことができるのか。特別展がステーキハウスだとすれば、拙著が肉のおいしさを引きだすスパイスになれば嬉しい。

特別展では、さわることを前提に制作された多彩なアート作品を紹介する。さらに、「音にさわる」「風景にさわる」「歴史にさわる」など、ユニークなセクションを設け、全身の感覚を刺激する仕掛けも準備している。もちろん、視覚障害の有無に関係なく、すべての展示物を自由に触れて鑑賞できる。拙著を片手に、たくさんの来場者が〝触〟の豊かさを体感する。接触と触発の連鎖が、特別展から世界へ広がることを期待している。きっと〝触〟の大博覧会は、三密、濃厚接触の本義を僕たちが再確認する場になるだろう。「やはり、さわるって楽しいなあ」「リモートもいいけど、視覚だけでは伝わらないことがあるね」。そんな感想を来場者とともに語り合いたい。さあ、サーロインのように味わい深く、ヒレのようにヘルシーな展覧会へ！

八月　さわるとわかる、わかるとかわる！

二〇二一年九月二日に特別展「ユニバーサル・ミュージアム——さわる！〝触〟の大博覧会」が開幕する。コロナ禍による一年の延期を経た後、満を持しての開催となる。社会の各方面で「非接触」が強調される状況下、あえて大々的に「さわる展示」を行う意義とは何なのか。本特別展が人間本来の相互交流（触れ合い）の大切さを再確認する場になればと願っている。「ユニバーサル・ミュージアム」といわれても、具体的にどんな展示なのか、想像できない人が多いだろう。そこで、シンプルなスローガンを決めることにした。親しみやすい言葉として僕たちが選んだのが「さわるとわかる、わかるとかわる!」である。「さわるとわかる」「わかるとかわる」には、特別展の趣旨が凝縮されている。この一年余の間にオンライン会議、リモートワークなどの語が普及し、人間のコミュニケーションのあり方は大きく変化した。しかし、オンライン、リモートでは伝わらないものがある。その代表が、現場に足を運び、手を動かすことによって得られる触覚情報なのではなかろうか。特別展では、さわることを前提に制作された多種多様なアート作品が並ぶ。さまざまな素材で作られた具象・抽象彫刻の手触りをぜひ体感していただきたい。「さわるとわかる」は展示場でしか実感できない接触・触発体験であり、その確かな手応えが「わかるとかわる」につながることを期待している。

「さわるとわかる」の裏返しは、「さわらないとわからない」である。つまり、「さわらない」来館者には特別展の目的・効果が十分に「わからない」ことになる。無理なく、自然に展示物にさわってもらうためには、どうすればいいのか。今回の特別展では、導入部の展示（試触コーナー）で「なぜさわるのか」「どうさわるのか」をしっかり納得していただき、その後にセクション一〜五の「暗い展示」へ進む構成となっている。「暗い展示」では通路、解説パネル（文字情報）部分の明るさは確保した上で、展示資料・作品には照明を当てない方針である。視覚情報を制限することで、触覚に集中できる環境を創出したいと考えている。「視覚を使えない不自由」ではなく、「視覚を使わない解放感」を味わってもらえれば嬉しい。

　僕はこれまでに、国立民族学博物館・本館インフォメーションゾーンの「世界をさわる」コーナーをはじめ、各地の博物館・美術館で「さわる展示」の開発・実施に関わってきた。「さわるとわかる」工夫が随所でなされているのに、少なからぬ来館者が積極的にさわろうとしないのは残念である。ミュージアムとは「見る／見せる」場所だという視覚優位の常識が刷り込まれているのだろう。少々荒っぽい方法ではあるが、「暗い展示」はこの常識を打ち破るヒントを与えてくれるに違いない。

　最後のセクション六は「明るい展示」である。このセクションには、絵画・絵本など、視覚的要素が強いが、さわると、より深く理解できる展示物を集めている。特別展の総括として、「見てわかること」「さわってわかること」をあらためて比較・検討する意図で本セクションを設けた。視覚を遮断され、触覚に意識を向けるようになった来館者が通常の「明るい展示」に戻ってきた時に、どんな変化が生じるのか。この特別展が、見学に偏る従来のミュージアムの展示・鑑賞方法を変えていく出発点になれば幸いである。

　そう、さわらなければわからない特別展は、来なければ楽しめないのだ！

九月　コロナへの手紙

1　「古い生活様式」の再評価

よくもまあ、僕のやることをここまで邪魔してくれるものだ。おまえのしつこさにはあきれてしまう。自分の研究活動の集大成という位置付けで、僕は二〇二〇年の秋に特別展を開催する準備を進めてきた。ところが同年の二月ごろから、おまえの登場で世間は大混乱、展示の実施が怪しくなった。四月に緊急事態宣言が出て、特別展の延期が決まる。僕の思いは蹴散らされ、おまえ、すなわち新型コロナウイルスは感染拡大を続けた。

当初、おまえは僕にとって紛れもなく憎き敵だった。おまえが猛威を振るう中、「ソーシャルディスタンス」という語を耳にする機会が増えた。今日に至るまで、各方面で人・物との距離を取ることが求められている。一方、人・物との濃厚接触によって成り立っているのが視覚障害者の日常である。僕の研究、そして人生そのものはさまざまな人々との触れ合いにより育まれてきた。「接触＝悪」と決めつけられる風潮の下で、僕は自己の存在が全否定される危うさを味わった。僕が普及に取り組む「さわる展示」に対しても、おまえは強烈な逆風を吹かせている。楽天家の僕も、「なぜこの時期にコロナが……」と、何度も溜め息をついた。

おまえとの付き合いも、もう一年半ほどになる。最近、おまえに対する僕の意識が変わった。たしかに、「非接触」を強制するおまえの立場は、僕とは真逆である。近代とは視覚優位・視覚偏重の時代といわれる。人類に「さわらない・さわれない・さわらせない」生活を強いるおまえは、視覚の勝利、近代化の完成を決定づけるためにやってきたのだと、僕は考えていた。でも、少し違うのかもしれない。なぜ、現代人はおまえを過度に恐れ、嫌うのか。それは、おまえが「目に見えない」ウイルスだからである。新型コロナウイルスは僕たちの周囲にうごめいているが、その姿を肉眼でとらえることはできない。視覚に依存する現代人に対し、「目に見えない」世界を忘れてはならぬというメッセージを伝えるために、わざわざおまえはやってきたのではなかろうか。

リモートワーク、オンライン会議など、おまえの出現後、「新しい生活様式」が定着した。「新しい生活様式」は僕たちに恩恵をもたらす一方、対面でのコミュニケーション、触れ合いでしか生まれない人間本来の文化の大切さを想起させるきっかけともなった。「新しい生活様式」への移行が、「古い生活様式」の再評価につながったのは興味深い。

2　特別展の隠れ実行委員

おまえの真の目的は、視覚優位・視覚偏重の人類への問いかけである。「ほんとうに、このままでいいのですか」。多種多様な資料を集め、〝触〟の可能性を示すのが僕のやり方だとすれば、まったくさわらない・さわれない状態を創出し、そこから〝触〟の必要性を逆照射するのがおまえのスタンスといえる。なんと過激なショック療法なのか。

僕は、多くの尊い命を奪ったおまえといっしょに「ウィズコロナ」の展覧会を行うつもりはない。といって、おまえを克服すべき対象として、「ポストコロナ」を主題とすることにも違和感がある。そこで考えた、「&コロナ」の展覧会はどうだろう。民博着任から二〇年。僕は仲間とともに触文化の研究、展示やワークショップの実践を積み重ねてきた。おまえがいようといまいと、僕たちの研究成果を発表する特別展の趣旨・内容は普遍（ユニバーサル）である。ただし、おまえが僕たちの計画に乱入してきたことで、展示コンセプトが鍛えられたのも確かだろう。誤解を恐れずに言えば、おまえは特別展の開催を阻む邪魔者ではなく、特別展を深化させるための実行委員なのである。

今回の特別展は、コロナ禍が終息しない状況下、あえて〝触〟の意義を訴える試みとなる。「こんな時期に、さわる展示を開くなんてけしからん」「会場を暗くして触覚による鑑賞を奨励する演出は、来館者の見る楽しみを損なう」など、批判の声が寄せられるだろう。もちろん、こちらも簡単に退くつもりはない。自信と責任を持って、三か月の特別展を成し遂げる決意である。来館者の批判を受けて僕が弱気になった時、おまえはショック療法をちらつかせて、僕を叱咤激励するだろう。「なんだ、君の自信・責任はこの程度なのか。それなら俺がまた大暴れして、展示物にさわらない・さわれないようにしちゃうぞ」。いや、それは困る。隠れ実行委員のおまえが表に出ないことが、特別展を成功させる必須条件なのだから。

「&コロナ」の特別展は、僕一人の力では実現できない。「さわる展示」のあり方を僕とともに模索してきた「ユニバーサル・ミュージアム研究会」のメンバー。安心・安全にさわることができる環境を整えるために知恵を絞ってくれる館内の保存科学チームの教員。出展者との交渉を進め、スケジュールや予算を調整する企画課の職員。さらには、前例のない大規模な「さわる展示」のプランに賛同し、出展協力してくださる方々。多くの人の「手」が集い、今「&コロナ」の大博覧会が始まる！

一〇月　〝触〟の可能性を問う

1　ボツボツから勃々へ

二〇二一年九月二日、特別展「ユニバーサル・ミュージアム」が開幕した。本展の副題は「さわる！〝触〟の大博覧会」である。コロナ禍の中で、〝触〟をテーマとする展示を行うことについては、賛否両論あるだろう。実行委員長の僕自身、この一年半ほど、感染拡大状況に一喜一憂する日々を過ごしてきた。しかし、今は「こんな時期だからこそ、さわることの大切さを発信しなければ」と、決意を新たにしている。「非接触社会から触発は生まれない」。これが特別展のスローガンである。

さわることへの共感を促すために、本展では解説パネルの文字情報を点字でも提供する。すべての点字は僕が手打ちした。八月中は点字のパネル作りを文字どおりぼつぼつ進めた。本展には多数のアーティストが出展している。僕は出展作家ではないが、手作りの点字パネルを各所に「出点」することになった。点字は視覚障害者が読み書きする文字だが、広

「ユニバーサル・ミュージアム」特別展入口（撮影：桑田知明）。

特別展のチラシ。表面には点字が印刷されている。

く一般来館者にとって「さわる世界」への導入になるとも考えている。見る文字に対し、さわる文字がある。この気づきは、見る博物館に対し、さわる博物館があるという新しい価値観の築きにつながる。点字が読める・読めないは別として、多くの来館者にボッボツの点字パネルに触れていただきたい。僕の勃々たる思いが伝われば幸いである。

2　暗闇の解放感

特別展「ユニバーサル・ミュージアム」は六つのセクションで構成されている（66ページ参照）。そのうちの五つは暗い展示であると聞くと、戸惑う人が多いだろう。これまで、各地の博物館で「さわる展示」の開発に関わってきた。実際に展示場に足を運び、手を動かして情報を獲得する。「見学」を前提としてきた従来のミュージアムの展示方法を改変する起爆剤となるのが〝触〟である。だが、魅力的な「さわる展示」を実施しても、少なからぬ来館者が積極的にさわろうとしない場面によく出合う。博物館とは見る場所だという固定観念が刷り込まれているのだろう。

今回の特別展では、「さわらなければわからない」状況を創出することとした。展示物には照明を当てず、触覚による鑑賞を促す。視覚に頼らないからこそ得られる「発見」があることを多くの来館者に知ってもらいたい。無理なく暗い展示を楽しめるように、導入部の試触コーナーは明るい展示とした。最後のセクションも明るい展示とし、見てわかる

松井利夫「つやつやのはらわた」（部分）。特別展では「目に見えないもの」を主題とする作品が多数出展されている（写真提供：国立民族学博物館）。

こと、さわってわかることとの比較ができる工夫を組み込んだ。暗い展示の目的は、視覚を使えない不自由の体験ではない。視覚を使わない解放感から、新たな博物館像が立ち上がる。本特別展が、視覚偏重の日常の中で僕たちが見落とし・見忘れてきたものを取り戻すきっかけになればと願う。

3　作品と資料の違い

「さわって感じる美とはどんなものですか」。こんな質問をよく受ける。さわって気持ちいいものは、いろいろある。すべすべの手触り、流線型のフォルムなどは触覚的な美の代表だろう。逆に、不規則な形、ごつごつの触感でも、不思議に手になじむものもある。茶碗などにさわると、手に持つことによって気づく美があると実感する。そもそも、視覚的な美と触覚的な美は

堀江武史「服を土偶に」。複製土偶（考古学資料）に服を着せる現代アート作品（写真提供：国立民族学博物館）。

同じなのか、違うのか。特別展の多様な展示物を通して、じっくり考えてみたい。

一般に、博物館が収集・展示するのは資料である。一方、美術館のコレクションは作品と呼ばれる。資料は理性に訴えるものなので、美を感じ取る対象ではないという意見もある。しかし、さわるという方法で資料・作品に接すると、両者の区別はなくなる。文化とは人間が創り、使い、伝えてきた事物の総体である。「創・使・伝」は手を介してなされる。文化を体感・体得するためには、手でさわる行為が不可欠である。さわる鑑賞は、第一に質感・形状などの表面的理解から始まる。第二段階のさわる鑑賞は、「創・使・伝」の物語を想像する内面的考察へ進む。想像力が鍛えられれば、触覚による美のとらえ方も変化するだろう。さわる鑑賞が資料と作品の垣根を取っ払い、文化全般を味わう手法として定着することを期待したい。

4　絵本『音にさわる』

特別展「ユニバーサル・ミュージアム」には、「音にさわる」「風景にさわる」などのセクションが設置されている。触覚の特徴は、全身に分布していることだろう。人間は身体の各部で物・者に触れることができる。僕は「触＝全身を使って目に見えない世界を探る行為」と定義している。特別展では、両手のひら・指先で丁寧に展示物に触れる鑑賞が基本である。しかし、時には全身の感覚を総動員し、大胆に展示物に触れてほしいとも考えている。触覚を働かせるためには、身体を動かさなければならない。能動的な触覚鑑賞が展示物との対話、来館者同士の対話を促進することを願っている。

特別展の開催に合わせて、『音にさわる』という絵本を刊行した。隆起印刷による触図と点字を掲載した「さわる絵本」である。イラストレーター、編集者と議論を重ね、「さわると楽しい」から一歩進んだ「さわらないと楽しくない」絵本を

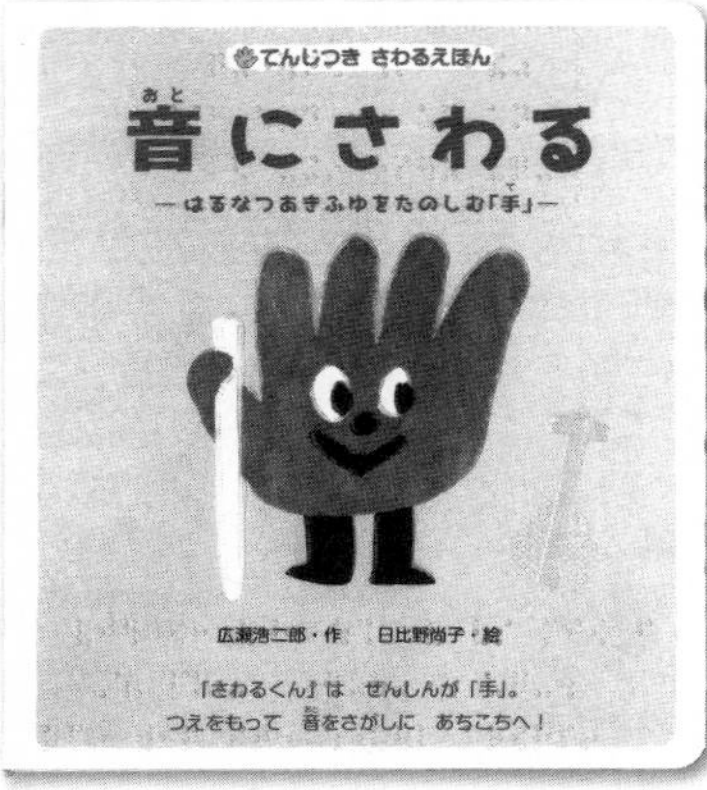

『音にさわる』（偕成社）の表紙。絵本裏面のあとがきでは、絵本作りの裏話が紹介されている（著者によるあとがきの音読をホームページで聴くこともできる）。

完成した。「さわるくん」という主人公が視覚以外の感覚を駆使して、春夏秋冬を満喫する。最後に「さわるくん」は、あちこちで探し当てた音を体内から放出し、触感豊かな音楽を奏でる。この絵本は、特別展の最終コーナーに展示している。多くの来館者が「さわるくん」のように、全身の触覚を研ぎ澄まし、「音にさわる」旅に出かけてくれたら嬉しい。

一一月　日本発「ユニバーサル・ミュージアム」の世界展開をめざして

特別展の目的は、「ユニバーサル・ミュージアム＝誰もが楽しめる博物館」の具体像を示すことだった。この「ユニバーサル・ミュージアム」は和製英語である。通常、英語で「Universal Museum」といえば、総合的な調査研究・展示を展開する大規模な博物館を指すことが多い。特別展の実行委員長である僕は、日本で生まれた独自の概念として「ユニバーサル・ミュージアム」を世界に発信したいと考えている。

まず、ユニバーサル・ミュージアムとはユニバーサルデザインの理念を博物館・美術館に応用した取り組みだが、単なる障害者対応、弱者支援というレベルにとどまるものではない。「誰もが楽しめる」を実現するために、健常者（マジョリティ）の価値観・世界観にインパクトを与え、博物館の常識・固定観念を問い直す。こうして、新たな普遍性を築くのがユニバーサル・ミュージアムの要諦である。ユニバーサル・ミュージアムを成立させる要件として以下の二つを挙げることができる。

①従来の視覚優位・視覚偏重の展示・教育プログラムのあり方を再考し、積極的に触覚活用を促す。
②展示・ワークショップなどの企画段階から障害当事者が主体的に参加し、マイノリティの発想、生き方（Way of Life）をユニバーサル化（普遍化）するよう心がける。
以下、この二点について説明しよう。

博物館の歴史は、視覚を重視する「近代」とともに始まる。その発展史を振り返ると、そもそも博物館は「見る／見せる」行為を大前提とする文化施設であることがよくわかる。これに対し、触覚の復権を訴えるのがユニバーサル・ミュージアムである。特別展「ユニバーサル・ミュージアム」では、「さわらなければわからない」展示物を集め、来館者が自発的に触学・触楽できる環境を整備した。六つあるセクションのうち、五つを薄暗くし、触覚中心の鑑賞体験を引き出す工夫をしたのはその一例といえよう。

特別展実行委員長の僕は、全盲の視覚障害者である。世界的にみても、障害当事者、とくに視覚障害者が展覧会の責任者となるケースはきわめて少ない。本展がきっかけとなり、障害者がキュレーター、エデュケーターとして採用される国際的な潮流が加速化すれば嬉しい。また、本展に刺激を受けて、聴覚障害者版・知的障害者版など、多彩なユニバーサル・ミュージアム像が提案されればとも願っている。

広く〝触〟（接触と触発）をテーマとして、多種多様な作品・資料を収集・展示する意気

「ユニバーサル・ミュージアム」展覧会場の様子。
さわって楽しむ展示物が多数並んでいる（写真提供：国立民族学博物館）。

込みを来館者に伝えるために、本展の副題は「さわる！〝触〟の大博覧会」とした。英訳では「Exploring the New Field of Tactile Sensation」である。僕は一三歳の時に失明し、点字を習得した。点字に初めて触れた際、「こんな微妙な点の突起を判読できるわけがない」と思った。しかし、触読の反復練習を繰り返すうちに、やがて「わかるぞ、読めた！」という瞬間が訪れる。この経験を僕は「眠っていた触覚が開く感動」、すなわち「Tactile Sensation」と名付けている。

視覚に依拠する生活を送っていると、他の感覚を使うことがおろそかになりがちである。五感の中で、触覚のみが全身に分布している。自己、そして他者の身体を意識する上で触覚は重要だろう。いきなり点字の触読にトライするのは難しいが、展示レイアウトの検討に当たっては、さまざまな彫刻作品、考古学関係の資料、立体絵画など、魅力的な展示物を介して、多くの来館者がそれぞれに「Tactile Sensation」を実感できることを最優先した。

今回の特別展は、各方面で「非接触」が強調されるコロナ禍の状況下で開かれた。消毒・換気など、感染予防対策をしっかり立てれば、「さわる展示」を安心・安全に運営できる実践事例になったのではないかと自負している。「博物館から社会を変える」が僕のモットーである。特別展の来館者が人と物、人と人との触れ合いの大切さを再認識する。視覚に過度に依存する彼らの日常生活、生き方（Way of Life）が少しずつ変化していく。三か月の特別展を終えた今、僕は「近代」を超克するユニバーサル・ミュージアム研究を世界規模で推進したいと熱望している。全盲者は自分の眼前、一寸先が見えない。だからこそ、全身の触覚を研ぎ澄まし、目に見えない「未知なる道」を一歩ずつ前進する。きっと、博物館の未来も、先が見えないからおもしろいのだ!

二月　触発スイッチ・オン!

僕には恩人がたくさんいる。小学校時代、弱視学級の先生は、自己の障害を受け入れられない僕に、粘り強く点字の手解きをしてくれた。全盲となった僕は、大学で日本史を専攻した。古文書が読めない僕を支えてくださったのは、各地の点訳・音訳ボランティアである。不真面目かつ未熟な僕に、こういった方々への恩返しができるのか。どうも、自信がない。

そこで、恩人はオン人なりと定義してみる。目が見えなくなった僕は歩くこと、文字の読み書きで不自由に直面する。生きるために必要なスイッチのいくつかがオフになってしまったといえる。そんなスイッチを再びオンにしてくれたのが我が恩人たちである。客観的に、僕は誰かの恩人になるような生き方はしていないが、オフになった他者のスイッチをオンにすることはできるのではなかろうか。恩人との思い出を振り返りつつ、そんなことを夢想している。

この一五年ほど、僕はユニバーサル・ミュージアム(誰もが楽しめる博物館)の実践的研究に取り組んでいる。多くの友人、研究者仲間とともに、さまざまな展示、教育プログラムの企画に携わってきた。今回の特別展は日本におけるユニバーサル・ミュージアム研究の現状を整理し、未来を展望する祭典と位置付けることができる。本展の副題は「さわる！〝触〟の大博覧会」である。〝触〟を主題として、彫刻・絵画作品、考古資料、玩具などを集めた。三か月の会期中、二七〇〇〇人もの来館者が特別展に足を運び、手を動かして物・者との触れ合いを楽しんだ意義は大きい。

特別展は、コロナ禍の状況下での実施となった。各方面で非接触が強調される中で、あえて大規模な「さわる展示」を行うことになったのは、タイミング的には不運であるが、むしろそれは僕の運命なのだとも考えている。コロナの逆風があったからこそ、展示の趣旨が明確となり、〝触〟の可能性を多角的に探究できたのは間違いない。

コロナ禍により、人類は「さわらない・さわれない」極限状態を経験した。本来、人間のコミュニケーション、文化は物・者との触れ合いを通じて育まれてきた。新型コロナウイルスは、人類が守り伝えてきた触れ合いのスイッチを否応なくオフにしてしまった。さわることに不安を抱く世間の風潮に対し、特別展の多彩な展示物は優しく語りかける。「さわることを忘れてはいけないよ」「さわるって楽しいね」。特別展のスローガンは、「非接触社会から触発は生まれない」である。今、僕は特別展成功の喜びとともに、少なからぬ来館者の触発スイッチをオンにできた手応えを感じている。

特別展の会場入口に「触れるひと」という作品が展示されていた。彫刻家・片山博詞《ひろし》さ

「触れるひと」（片山博詞作）は、自己の内面と対話する広瀬浩二郎をモデルとしている（撮影：生田尚子）。

んが制作した僕の胸像である。自分の像が出展されるのは嬉しい反面、正直なところ戸惑いもあった。「広瀬は自己顕示欲の強いやつだ、思いあがっている」。こんな批判の声が出るのではないかと、ずいぶん悩んだ。開幕当初、来館者を案内する時は、この像の前を意識的に素通りしていた。しかし、会期後半には、積極的に我が胸像に触れてほしいと呼びかけるようになった。「特別展は、さわらないとわからない展示です。どうぞ遠慮なく、さわってください」。実行委員長の像にさわってください」。モデルとなった本人が率先して自らの胸像にさわる。この不思議な光景は、来館者の触発スイッチをオンに切り替えるきっかけとなったようだ。

特別展終了後、「触れるひと」は片山さんのご厚意で寄贈されることになり、僕の研究室に運び込まれた。「僕が退職したら、この像はどうなるのかな」。苦笑しながら、我が胸像に日々触れている。「触れるひと」の作品解説文で、僕は次のように書いた。「外に伸ばした手は、内へと返ってくる。さわることによって、外と内が融合する。『触れるひと』は何に触れているのだろうか」。今後、僕が「触れるひと」にさわる際、自身の内部にある触発スイッチが常にオンになっていることをしっかり確認したい。

視覚優位・視覚偏重の現代社会にあって、さわることの大切さ、豊かさを発信するのが僕の役割だろう。特別展は盛況のうちに閉幕したが、生活全般で「接触オフ」モードがまだ残っている。文字どおりの「触れるひと」をどれだけ増やせるのか。オン人たちと手を組み、挑戦を続けよう！

総括　さわる文明学序説

1　「近代」を問い直す

二〇二一年九月～一一月、民博で特別展「ユニバーサル・ミュージアム——さわる！〝触〟の大博覧会」が開かれた。本展のテーマは、一言で要約すれば「見る文化からさわる文化への転換」である。ここでいう文化とは、人々の行動・生活様式を指す。各人各様の文化、国々・地域の独自の文化が集まり交じり合うことによって文明が成立する。近代とは視覚優位・視覚偏重の時代である。情報をより速く、より多く伝える手段として、各方面で「見る／見せる」ことが重視されてきた。そんな近代を象徴する文化施設が博物館なのである。目に見えない物を見えるようにすること、暗から明への「進歩」をめざし、博物館は発展してきたともいえるだろう。

今回の特別展は、企画当初から近代文明に対する挑戦を意図していた。触覚の最大の特徴は、視覚と異なり、全身に分布することである。さわるとは、全身の感覚を総動員して事物の本質に迫る行為と定義できる。特別展の会場は、従来の視覚依存の鑑賞を離れ、触覚（身体）の潜在力を引き出せるように、あえて照度を落とした。いわば、明から暗への転換である。見る文化からさわる文化へ無理なく移行できるように、展示物の配置にもこだわった。形が単純で、素材の違いを手触りで楽しめる大型の具象彫刻に始まり、抽象度の高い、繊細な資料・作品へ進む。最後のセクションは通常の照明の下、さわることと見ることを比較できるように工夫した。

三か月の会期中、さまざまな来館者が多彩な展示物との接触を通じて、さわることとの大切さ、豊かな可能性を体感したのは間違いない。人・物との非接触が強調されるコロナ禍の状況下での〝触〟の大博覧会の開催は、さわる文化の意義を鮮明にする結果をもたらしたと総括できる。触察を深めていくと、物の背後にいる人へと意識が向かう。物の背後には、それを創り、使い、伝えてきた人がいる。創・使・伝は、多くの場合、手を介してなされる。つまり、物にさわるとは、創・使・伝を追体験する文化ともいえるのである。本展は近代的な見る文化を問い直す手がかりを提示する点において、一定の役割を果たした。この特別展の手応えを文化から文明へと拡大していくためには何が必要なのか。視覚を使わない全盲者の立場を活かして、引き続き考えていきたい。

2　五七五で振り返る特別展の感触

我慢して　揺れ動いた後　逆襲へ　九月は緊急事態宣言が発出されており、関連イベントは実施不可。一〇月以降、徐々に規制が緩和され、一一月には対面によるワークショップ、研究公演なども開催。会期後半の特別展会場は連日、たくさんの来館者でにぎわい、盛況のうちに閉幕を迎えることができた。

耐久性　さわるマナーは　調整中　さわる展示では、資料・作品の汚損・破損が避けられない。特別展でも出展作家に展示物の補修をしていただくケースが相次いだ。「壊れてもいい」を前提としていては、さわる展示の発展は望めない。優しく、丁寧に展示物に接する「さわるマナー」をどうやって普及・定着させていくのかは今後の課題だろう。

体当たり　対話を拓く　子どもたち　特別展では小学生の団体、親子連れの来館が目立った。展示物にさわることに躊躇・抵抗を感じる大人は少なくない。「博物館＝見学する場所」という常識が刷り込まれているのだろう。一方、子どもは本能のまま、自由にさわる。そんな子どもたちのふるまいが大人を刺激し、さわる展示ならではのコミュニケーションが各所でみられた。

手伝いの　意味を再考　触れ合って　特別展の会期中、実行委員長は度々ガイドツアーを実施した。会場は広大で、展示物のレイアウトも複雑なので、全盲者が一人で歩くのは難しい。そこで、団体・個人を案内する際、僕の誘導を来館者に依頼した。お客さんの目を借りながら、全盲者がガイドツアーを行うのも、「ユニバーサル」の具体化の一例といえよう。

点字力　未来へつなぐ　ミュージアム　視覚障害教育・盲人史は、特別展の直接の主題ではない。しかし、点字は会場内にあふれており、盲学校生徒の作品も展示されていた。さわる文化の担い手として、視覚障害者が健常者をリードする。視覚依存の従来の博物館のあり方を改変していくために、視覚障害者が果たす役割はきわめて大きい。

まずさわる　まだまださわる　またさわる　特別展は数多くの新聞、テレビ番組等で好意的に紹介され、コロナ禍の中で「非接触社会から触発は生まれない」というメッセージを広く発信することができた。だが、客観的にみて、それはさわる文明を築くためのささやかな一歩を踏み出したという段階である。なぜさわるのか（作法）、どうさわるのか（技法）の両面において、実践と研究の継続が必要だろう。

館を出て　五感を磨き　観光へ　さわる文明構築の次なるステップとして、二〇二五年の大阪・関西万博がある。世界を見せる万博から、世界観に触れる万博へ。特別展の成果を博物館にとどめるのではなく、観光・まちづくり分野に応用していきたい。光を見ることができない視覚障害者が、自らの身体を駆使して光を観る。その創意工夫の積み重ねが「いのち輝く」未来社会のデザインを生み出す。

3　来館者アンケート抜粋（以下の文字遣い・句読点は原文のままである）

①さわることのおもしろさ、大切さ

「さわることは本当におもしろいと思いました。視覚にじゃまされてないことはぜいたくなんだなと思いました」（女性・四〇代）

「ふだん触感というものを意識したことがあまりなかったのですが、数々の展示のしかけを追うごとに触感を楽しむことがわかってよかったです」（女性・一〇代）

「いつもは触ることのできない展示が多いのに、全て触るというのはとてもおもしろく楽しめました。私は目が見えますが、目をとじてさわってみると、違う感覚でおもしろく感じました」（女性・五〇代）

「さわることは、動くことで、動きを含めて存在や空間を味わうんだと、体感しました」（女性・三〇代）

「手触りが目で見て感じることとちがってビックリした。普段とちがう感覚を発見した」（女性・一〇代）

「見ることとさわること、どちらが優れるというわけがなく、別の良さがある。さわることは、代替手段でなく視覚よりも多くの情報を得ることもあると思った」（女性・二〇代）
「日常は目に入る情報ばかりで、なんの感情もないのですが、今日はさわる事で手の感覚、身体の中にしみ入るものを感じ、これからも大事にしていきます」（女性・七〇歳以上）
「見るのではなく触ることによって知ることは時間がかかること。世界の多面性のようなことを意識させられた」（男性・二〇代）
「ふれて感じる、想像するということは楽しくもあり、集中力や感覚を研ぎ澄ますことが必要だなと思いました」（女性・三〇代）
「さわるって楽しいな。見えないからさわるのではなく、さわってものの情報を得ることって、すごく基本的なことと気がついた」（男性・三〇代）
「手でふれて形を感じようとすると難しいけれど、みんなで手で鑑賞すると、視覚で鑑賞するより、対話はたくさん生まれたように思う」（男性・四〇代）

②コロナ禍への言及
「さわることでストレス解消できました。コロナでさわれなくて、不満だったので」（女性・四〇代）
「この時世によくぞ開催してくださって、ありがたかったです。ふさいだ心が息を吹き返

しました」（女性・三〇代）

「コロナのときに触るなんてと見に来てみた。手消毒も多く安全に配慮され思いがけずたのしかった。大好きです」（女性・五〇代）

「改めて『さわる』ことの希薄な日々を生きているんだ、ということを認識しました。コロナ禍の中で『さわる』ことの楽しみ、また触覚から情報をよみとく機会をいただいたことに感謝いたします」（女性・二〇代）

「コロナの流行が始まってから、バーチャルやオンラインでのイベントが多くなりましたが、〝接触〟を無くすことにより沢山の情報を取り落としていたのだなあと改めて思いました。このような状況下でも、意欲的な展覧会を開いてくださった企画者の皆様に心から感謝申し上げます」（女性・三〇代）

「視覚以外で感じることでモノに対する見方、考え方が少し変わった気がします。コロナ禍での開催ありがとうございます」（男性・六〇代）

③視覚中心の日常からの脱却

「子供と来たのですが、子供は全身で感じて楽しんでいて、それを見習って全身で感じるのがとても心地よかったです。見て想像する質感と実際の感触が全然違うのがいくつもあり、目で見て分かったつもりになっている自分に気づきました。感じるという感覚をとり

戻した感じがしました」(女性・四〇代)

「最近、視覚に依存しすぎて疲れていました。もっと、他の感覚も使うと生き方が豊かで楽なのでは?」(女性・二〇代)

「チラシ・ポスターを見て想像していた展示とまったく違い、その違いに驚いた。いかに目で見て、カメラで撮って博物館を楽しんでいたかが分った」(男性・二〇代)

「触覚に特化した展示と思っていたが、むしろ作品を観るときに本来の五感をもって体験するという感じ、印象を受けた」(男性・三〇代)

「目が見えるが故に、触感がおとっている。感じ方・想像力が低くなっていると感じた」(男性・六〇代)

「目に頼りがちな生活から一線を超える楽しさ、もっと多くの人に伝わってほしいです」(女性・二〇代)

「目にたよらない、普段とはちがった観点で物をとらえるおもしろさ、新鮮さを感じた」(男性・二〇代)

④「障害」に対する意識変革

「見える・聞こえる私もめっちゃめちゃ楽しくまわれたので、まさに!ユニバーサルだなと感じました」(女性・一〇代)

「触覚の重要さや、そこを工夫するだけで作品の幅が広がるということを再認識。障害の方への視野も広まったと感じた」（女性・一〇代）

「目の見えない人はどんなにすごい想像力があるのだろうと思いました」（女性・四〇代）

「みんな違うけどみんな同じ、そんなに誰かと同じでなくていいよ、安心していいよというように受け取りました」（男性・三〇代）

「この展覧会では、見える・見えないに関係なく、さわることをすれば、わかることにつながっていく大切さをあらためて感じました」（男性・視覚障害者）

⑤博物館の新たな可能性を開拓

「展示の世界において、こんなに考えながら作品を見られることがとても良かったです」（女性・三〇代）

「声や音がなりひびくのに、おちつく空間だなと思えたのがふしぎでした」（男性・六〇代）

「子どもが様々なものを触れるのは、他にない特別な展示です。是非、このような触れる展示をまた続けてほしい」（男性・三〇代）

「触れることの奥深さと、幅広さを感じました。話しながら、コミュニケーションとりながら進んでいくことが大切。対話ができる、触れるイベントでした。さわることに集中させるため、うす暗くなっているので、注意深く見まわしながら進むことで、展示物をより深く見、さわることができた」（男性・六〇代）

「今後、観光する時、音にも注目しようと思った。能動的に『見る』ことをとても楽しく感じた。複数での来館者がそれぞれの感じたことを口にしている様子も楽しそうでとても良いと感じた」（女性・四〇代）

「体感としての『ふれる』と、ラーニングとしての『ふれる』があることはわかっていたが、この二つを組み合わせたハイブリッドの『ふれる』があることを本展で知ることができ、興味深かった。視覚以外もフル活用して、鑑賞したからだと思うが、これまでにないほど疲れた。その一方、はっきりとした充実感を覚えた」（男性・三〇代）

「普段、美術館に行かない視覚障害者が、たのしそうに体感されていたり、家族連れのたのしそうな姿が印象的でした」（女性・六〇代）

「この博物館はとても楽しかったです。なぜかというと、たくさん展示物にさわれたからです」（男性・視覚障害者）

「視覚障害者でも楽しめるこのような展覧会を開催していただき、感謝しかありません」（男性・視覚障害者）

「この展覧会は他の施設と違って、とにかくさわるのがメインなので、すごく嬉しかったです」（女性・視覚障害者）

ユニバーサル・ミュージアム――さわる！〝触〟の大博覧会
https://www.minpaku.ac.jp/ailec_event/16854

○セクション1「彫刻を超克する」
〈つくる手は力強い〉

触覚は全身に分布しているので、手のみでなく、身体の他の部分でも事物に触れることができる。多種多様な素材・手法によって制作された彫刻作品に、全身で触れてみよう。作品に触れると、視覚的な鑑賞では見落とし・見忘れがちな情報に気づくだろう。

○セクション2「風景にさわる」
〈つげる手は奥深い〉

視覚には「見るだけで、わかった気にさせる」危うさがある。風景とは、目で見るものではない。全身の感覚を研ぎ澄ますと、「目に見えない世界」を感じることができる。「見る／見せる」束縛から離れる体験は視覚を相対化し、私たちの日常生活を変えていく。

○セクション3「アートで対話を拓く」
〈つたえる手はあたたかい〉

展示された作品に触れることから、物と者、者と者の多様な対話が始まる。そして、手探りは手応えに変化する。本特別展を体感すれば、「健常者＝手助けする人」「障害者＝手助けされる人」という二項対立の常識を乗り越えるヒントが得られるに違いない。

○セクション4「歴史にさわる」

〈つなぐ手はやわらかい〉

触文化とは、「さわらなければわからないこと、さわって知る事物の特性」である。触文化の探究は、質感・形状などの表面的理解から、さまざまな文物の背景を探る内面的考察へ進む。展示されるモノを創り、使い、伝えてきた人々の「物語」を想像・創造しよう。

○セクション5「音にさわる」

〈つかむ手は幅広い〉

種々雑多な音は、「目に見えない世界」への入口となる。音の波動を触覚的にとらえる試み、視覚情報を遮断して、音声のみからイメージを広げるスポーツ観戦など、「身体で聴く」音の可能性を探る。音の感触を味わう工夫は、人類の思考力と開拓精神を鍛える。

○セクション6「見てわかること、さわってわかること」

〈つどう手は楽しい〉

原作者が見ている世界を翻案者が再解釈・再創造し、触覚的に表現するのが「さわる絵画・絵本」である。見てさわる・さわって見る・見ないでさわる・さわらないで見る。見る人、さわる人の交流から、相乗効果が生まれ、視覚芸術の新たな魅力が引き出される。

3　踊るようにさわる、さわるように躍る

「見せる」講演よりも「聴かせる」講演を！

近年は大学の講義等でも、さまざまな動画・画像を駆使して、見せる工夫をする人が多い。社会の多数派が見せることに注力するのなら、全盲の僕は少数派として、聴かせるレクチャーにこだわろう。じつは、ICTが苦手な僕は、パワーポイントが「使えない」。でも、そこを逆手に取って、最新機器を「使わない」と割り切り、聴かせる技術を磨くことに心がけている。視覚優位の風潮の中で、画像・動画を「使わない」講義は、かえって新鮮なのではなかろうか。大学の授業、一般向けの講演において、僕は民族資料を回覧し、さわる要素も加えて、聴衆に語りかけている。

そんな僕にとって、コロナ禍はピンチである。二〇二〇年以降、自宅や研究室から、オンラインの会議、シンポジウムに参加する機会が増えている。オンラインでの講演、研究発表も度々経験した。オンラインでは、さわる資料を回覧することができない。普段は会場の雰囲気を感じ、聴衆を意識しながら話をするが、オンラインではそれも難しい。パソコンやタブレットに向かって喋ると、どうしても話が単調となり、高揚感・達成感もない。

オンラインにも慣れなければと思う一方、講演会や研究会が早く対面でできるようになることを願っている。

ピンチはチャンスなりというが、僕はコロナ禍に直面し、新しい試みを始めた。それは、動画作りである。「見せる≠魅せる」と主張してきた僕が、積極的に動画活用に乗り出すとは、我ながらおもしろい。例年、僕は各地の博物館・学校・福祉施設等で、さわる体験型ワークショップを数多く企画・実施している。参加者と直に触れ合うことができるワークショップは、僕がもっとも大切にしている社会活動である。毎年、夏〜秋にはイベント屋さん状態で、あちこち訪ね歩いている。ところが、二〇二〇年はコロナの影響で、ワークショップの依頼がほとんどなかった。仕方ないこととはいえ、なんとも残念である。

対面でのワークショップ開催が困難な状況下、どうすればさわる世界の豊かさ、奥深さを伝えることができるのか。僕は友人とも相談し、オンライン・ワークショップに挑戦することにした。参加者はいないが、あたかもワークショップを行なっているかのように、僕が一人で話を進める。その様子を撮影し、動画として公開するのがオンライン・ワークショップである。

素人の僕に、うまく一人語りができるのだろうかと心配したが、最終的には手応え十分の動画が仕上がった。多種多様なモノに実際にさわりながら話すので、どうやら講演や研究発表の時よりも、脳が活性化するようだ。手と頭がリンクし、口からスムーズに言葉が流れる。まさに口から出任せ、いや「手は口ほどに物を言う」である。オンライン・ワークショップの収録を通じて、僕は触覚の威力（能動性と身体性）を実感している。

　動画を作るに当たって、大事にしたことがある。僕の動画を見るのは、おそらく九割以上が健常者だろう。しかし、視覚障害者にも動画を楽しんでもらいたい。昨今、映画やテレビドラマで副音声解説（オーディオ・ディスクリプション）を付ける取り組みが広がっている。副音声解説があれば、映画やドラマの内容をより正確に理解することができる。僕も、このサービスの更なる充実に期待している。

　とはいえ、あくまでも副音声は視覚障害者が映画・テレビなどの「見せるメディア」にアクセスするための補助的なツールである。世間の多数派である健常者が、副音声解説を聴くことはあまりないだろう。たしかに、副音声はありがたい。でも、副音声がなくても、視覚障害者が映像を楽しむ方法はあるのではないか。今回、初めて自分が動画を作る立場となり、僕はユニバーサルな「魅せるメディア」作品の可能性について考えた。

　僕が採用した方法はシンプルである。とにかく、よく喋ること。これなら、僕の得意技である。「聴かせる講演」で習得したノウハウが役に立った。オンライン・ワークショップで触察する資料の中には、音が出るモノも多く、結果的に聴くだけでも臨場感を味わえる動画が完成した。全盲者の場合、動画から視覚的な情報を得ることはできない。だが、音と声から場面を思い描くことはできる。音と声の要素が多ければ、見えないはずの「画」

がいきいきと動き出す。自分の力で「画」を動かすのが、視覚障害者の動画鑑賞のポイントといえよう。健常者にも時に目を瞑って、僕の動画をじっくり聴いてもらえたら嬉しい。もちろん、副音声解説は今後も有効・不可欠である。同時に、副音声がなくても、万人の感性に訴えるような「魅せるメディア」作品が増えることも重要だろう。

なぜさわるのか、どうさわるのか

僕は「見ているだけで、さわったような気になる」「見ていたら、思わずさわりたくなる」をコンセプトとして動画を制作した。さわる世界のおもしろさを視覚的に表現・伝達する手段・手法を追求したつもりである。以下、二つのキーワードに即して説明しよう。

①「踊るようにさわる」（創造力）…オンライン・ワークショップの収録を終えて、あらためて僕は「触察はダンスなり」と感じている。両手のひらを使って、資料の全体像をとらえる（大きくさわる）。指先に神経を集中し、資料の細部を探る（小さくさわる）。触察は「大きくさわる」「小さくさわる」の組み合わせである。手・指が捕捉した点の情報を線にして、面、立体へと広げていく。触覚は全身に分布しているので、身体の各部を総動員し、資料と対話するのも触察の醍醐味だろう。

たとえば大きな彫刻作品にさわる際、背伸びして上へ上へと手を移動させる。屈みこんで土台部分を確認する。作品の裏面や内側など、見落とし・見忘れがちな箇所にも、前

全身を使ってトーテムポールと対話する（国立民族学博物館の前庭にて、撮影：生田尚子）。

後・左右へと動き回り、貪欲に手を伸ばす。（許されるなら）彫刻に抱きついて、作品のエネルギーを体感するのもいいだろう。先述したように、手を動かし、身体を動かし、さらに口を動かせば、日常生活の種々雑多な束縛を離れ、自己の内部から活力が湧いてくる。この活力・創造力を動画の視聴者と共有できればと願っている。（文末紹介の動画「世界の感触を取り戻す」鉄則一＝「解き放つ、我が手は宙に、踊りだす」）

②「さわるように躍る」（想像力）…触文化とは、「さわらなければわからないこと、さわって知る事物の特徴」である。いうまでもなく、博物館・美術館で展示物にさわるとは、単に障害

者対応のレベルにとどまるものではない。二〇世紀型の「見せるミュージアム」が、二一世紀型の「触れるミュージアム」へ発展することが肝要だろう。この発展を促す触文化研究の拠点となるのがユニバーサル・ミュージアムなのである。

触文化は、「目に見えない世界」の探究につながっている。たとえば、国立民族学博物館が収集・所蔵する民族資料は、さまざまな国・地域に暮らす人々が用いる生活道具である。各資料の背後には、それを創った人、使っている人、伝えてきた文化が存在する。この「創・使・伝」は多くの場合、人間の手によってなされる。資料に触れるとは、じつは「創・使・伝」を追体験しているともいえる。「目に見えない世界」を想像することで、触察は表面的な理解から内面的な考察へと深まっていく。

触察力を鍛えるのに最適なのは縄文土器だろう。土器を創り、使い、伝えてきた縄文人に、僕たちは会ったことがない。でも、縄文人たちは確実に生きていた。文字どおり、土器は縄文人の生活に触れる手がかりである。土器にさわると、鑑賞者の心の中で、各人各様の縄文人が躍動し始める。僕たちは目に見えない人の手をどうやって、どこまでイメージできるのだろうか。想像力を研ぎ澄ますメソッドとして、触察が教育現場に導入されることを切望する。

土器に触れれば、縄文人と握手しているような不思議な感覚を味わうことができる。まずは、ここが想像力の入口である。握手体験は、視覚では得られない博物館の魅力ともなるだろう。なお、握手体験をするには実物資料が望ましいが、レプリカでも可能である。従来のレプリカは、見せる目的で作られてきた。触察を前提とする魅せるレプリカの普及を図るのが、ユニバーサル・ミュージアムの新たな課題といえる。(「世界の感触を取り戻す」鉄則二＝「心中で、躍るあなたへ、ラブレター」)

コロナ禍で「さわらない・さわれない・さわらせない」感染拡大予防対策が社会全体を支配する中で、触文化の研究者である僕は、少なからず動揺した。在宅勤務が続き、身体的・精神的ストレスを感じることも多かった。仲間とともに積み重ねてきた「さわる展示」を後退させるわけにはいかない。否応なく、僕は「なぜさわるのか」「どうさわるのか」という根本的な問いに向き合うこととなった。

「踊るようにさわる」(身体)「さわるように躍る」(精神)は、「さわるマナー」(作法と技法)を僕なりに整理する過程で生まれた新概念である。そして、自らの創造力・想像力を引きだす実践が、動画制作に結実した。はてさて、この動画で僕自身は踊って、躍っているだろうか。コロナ禍の副産物、オンライン・ワークショップ動画に、一人でも多くの方が参加してくだされば幸いである。(「世界の感触を取り戻す」鉄則三＝「手で踊り、心が躍る、触文化」)

〈オンライン・ワークショップ「世界の感触を取り戻す」〉

完全版　https://www.youtube.com/watch?v=KW5M8ucd14M&t=7s
ダイジェスト版　https://www.youtube.com/watch?v=EKboZgkQYRA&t=20s
上級編（「トーテムポールをさわる」）　https://www.youtube.com/watch?v=0OazfqbMV_s&t=1s

※動画制作（撮影と編集）では、小さ子社の原宏一さんに全面的に協力していただいた。この場を借りて、感謝の意を表したい。

4　二一世紀版「耳なし芳一」

「目に見えないもの」を描く絵本

二〇二一年一〇月、イラストレーター・日比野尚子さんとの共同作業により、触感豊かな絵本『音にさわる——はるなつあきふゆをたのしむ「手」』(偕成社)を出版した。これまで僕は日本史・文化人類学の研究者、あるいは視覚障害の当事者という立場で、単著・編著を刊行してきた。拙著が売れるか売れないかは二の次として、専門書・一般書など、本作りの楽しさはそれなりに知っているつもりである。そんな僕がなぜ絵本に挑戦しようと思ったのか。それは、コロナ禍に関連する昨今の社会情勢に起因している。

絵本のテーマとして僕が選んだのは「耳なし芳一」である。「耳なし芳一」はラフカディオ・ハーン(小泉八雲)の『怪談』に収録された作品で、発表から百年以上が経過した今日でも、多くの人に親しまれている。おそらく大半の方は、目の見えない芳一が、平家の怨霊に耳を引きちぎられてしまうかわいそうな話という印象をお持ちなのではなかろうか。じつは、耳を失った芳一は、琵琶法師として世間の注目を集め、お金持ちになるというのがこの作品の結末である。「お金持ち=幸福」と単純に考えていいかどうかはさておき、芳一が聴衆に支持される著名な琵琶法師へと成長したのは間違いない。耳を切り取られるシーンがあまりにも鮮烈で、その後の芳一がどうなったのかを知らない（忘れてしまう）人が多いのは残念である。

二〇二〇年、新型コロナウイルスの感染拡大は、人類にさまざまな影響をもたらした。ようやく緊急事態宣言が解除され、僕たちは普段の生活に復帰しつつあるが、随所で「三密」を避けることが求められている。新しい生活様式とは、人や物にさわらない・さわらせない「拒触症」なのだと感じる。僕はコロナウイルスそのものの感染拡大よりも、「拒触症」が蔓延《まんえん》することに危機感を抱いている。

なぜ人類は新型コロナウイルスをこれほど恐れるのか。いうまでもなく、それはウイルスが目に見えない存在だからである。近代以降、人類は「目に見えないものを見えるようにすること」が進歩だと信じてきた。近代化のキーワードは「可視化」である。多種多様な事物を目に見える形にしたいという願望が、人類の発展を支えてきたのは確かだろう。一方、「近代化＝可視化」の道を邁進《まいしん》する人類が、たくさんのものを見落とし、見捨ててきたのも事実である。二〇世紀初頭、ハーンが『怪談』を通じて、目に見えないものの価値を強調したのはきわめて意義深い。「可視化の過程で、大切なものを見忘れているのではないですか」。これが、日清戦争から日露戦争へと突き進む近代日本に対するハーンからの問いかけだった。

「目に見えるもののみが正しい」「不可視の心霊現象などあり得ない」。このように決めつける現代人にとって、目に見えないコロナウイルスは恐怖の対象である。エレベーターのボタンやドアノブには直接触れない、家族・友人との食事では対面を避け、横並びで着席する……。人間が万物との触れ合い（相互接触）の中で育まれてきたことを軽視する昨今の「拒触症」の流行は、明らかに過剰反応である。目に見えないウイルスへの過度の恐れは、はたしていつまで続くのか。

芳一は平家の怨霊、すなわち目に見えないものと自由に話をすることができた。では、芳一が二一世紀の現代にタイムトラベルしてきたら、彼は僕たちに何を語るのだろう。芳一はコロナウイルスを恐れることなく、目に見えぬ物・者とごく自然に共生できるに違いない。「人類よ、芳一的なるものを取り戻せ」。こんなメッセージが僕の体内から聞こえてくる。この声に従って、絵本を作ってみよう。文字・言葉を積み上げて自己の内面世界を表現する著作もいいが、あえて今回は選び抜かれた単語、研ぎ澄まされた短文で勝負したい。目に見える絵を媒介として、どうやって、どこまで目に見えないものにアプローチできるのか。そして、その目に見えないものを描く絵本の作者が、全盲の僕であるというのもおもしろい。こんな思いで、先が見えない絵本作りを始めた。

「琵琶なし芳一」がやってくる！

耳を失うことによって、なぜ芳一は琵琶法師として成功したのか。耳はなくなっても、音を感知する穴は残っている。芳一は、耳ではなく、身体の毛穴で音を聴く手段を身につけたのではないかと僕は考える。視覚は目、聴覚は耳に限定されるが、触覚は全身に分布しているのが特徴である。平家の怨霊は、芳一が「音にさわる」感覚に目覚めるきっかけを与えたともいえる。以下に、名人になるまでの芳一の成長のプロセスをまとめてみよう。

①一次元の芳一…目の見えない芳一は、ひたすら自身の内面、心を見つめ、自問自答を繰り返す。「どうして、自分は目が見えないのか」と悩んだこともあっただろう。「目が使えないのなら、耳がある」「琵琶が上手になれば、音楽の道で生きていける」。芳一は視覚以外の感覚を総動員して、自分を鍛える修行に励んだ。

②二次元の芳一…琵琶法師となった芳一は、やがて聴き手を意識するようになる。琵琶の演奏、語りを聴いて、褒めてくれる人がいなければ、芳一は名人にはなれない。彼は、聴き手を感動させる琵琶法師になるために努力を続ける。感動とは、「感じて動く」と書く。芳一の琵琶を聴く人々は、実際に『平家物語』の登場人物に会ったことはなく、合戦の現場を見たこともない。だが、彼らは芳一とともにさまざまな物語の場面に接し、喜怒哀楽を感じていた。じっと座って静かに琵琶に耳を傾ける人々の心の中では、平清盛や源義経、美しい女房たちがいきいきと動いている。耳を切り取られる直前の芳一は、多数の聴き手を「感じて動く」物語に引き込む優れた語り手だった。

③三次元の芳一…二次元の芳一は、語る人と聴く人、音と耳のように、者と者、者と物を一対一で結び付けていた。全身で見て、全身で聴くことができるようになるのが三次元の芳一である。彼の演奏と語りは、天・地につながり、立体的な広がりと深さを獲得したともいえるだろう。聴く人ばかりではなく、森羅万象、宇宙を包み込むような音・声の響きが、芳一の身体から生まれた。ハーンが伝えたかったのは、耳を失ったかわいそうな芳一像ではない。芳一は耳へのこだわりを捨てることによって、新たな芸能の境地に至るのである。

僕は、文字どおり「禍転じて福と為す」精神力を「芳一力」と名付けたい。コロナ禍による「拒触症」から脱却するために、僕たちが保持すべきなのは「芳一力」である。偉大なハーンの驥尾《きび》に付して、僕が構想する絵本では、四次元の芳一を描きたいと願っている。もともと、人類は芳一的なるものを持っていた。それは、何にでも手を伸ばし、貪欲にさわる幼児の行動、もしくは濃厚接触を常とするいわゆる「未開」人の暮らしを観察すれば、よくわかる。

近代化は人類から「芳一力」を奪ってしまった。逆説的な言い方をすれば、一連のコロナ禍は、人類が「芳一力」の意義を確認・実感する契機になると僕は信じている。さわらない・さわらせない社会通念の流布により、必然的に僕たちは、そもそもさわるとはどんな意味を持っているのかという根本的な問いに立ち返ることになった。だからこそ、「耳なし芳一」は再評価されるべきなのである。

『音にさわる』では、隆起印刷を用いて触図を多数掲載した。平家の怨霊はもちろん、木々のざわめき、川のせせらぎ、鳥や虫の鳴き声など、目に見えないものに触れることができる絵本をめざしている。二一世紀の芳一は、琵琶を捨てて身軽になる。彼は琵琶の代わりに新しい楽器を手に入れる。それは僕たちの身体である。そう、芳一は今を生きる僕たちの身体の中にいる。彼は僕たちの毛穴を優しくノックする。四次元の芸能者、「琵琶なし芳一」が、接触と触発の感動を人類に巻き起こすことを期待したい。さあ、体内の芳一と対話しつつ、「拒触症」の特効薬となる「さわる絵本」を万人の手に届けよう。「祟《たた》り」（禍）を「当たり」（福）に転換した芳一の力強い声が聞こえる。さわらぬ神に当たりなし！

5　障害当事者発のソーシャル・インクルージョンの実現に向けて

――誰もが楽しめる「さわる写真」の制作と鑑賞

ユニバーサルな触図をめざして

二〇二〇年九月～一〇月、京都国際写真祭（KYOTOGRAPHIE）が開催された。京都市内の各所、町家やギャラリーを会場としてユニークな写真展を企画・実施するKYOTOGRAPHIEは、今回で第八回となる。二〇二〇年の最大の特徴は、マリー・リエス「二つの世界を繋ぐ橋の物語」展の会場において、「さわる写真」が展示されたことだろう。以下、展示の趣旨文の一部を抜粋する。

「マリー・リエスは十年の歳月をかけてフランス国立盲青年協会（パリ盲学校）の子どもたちの写真を撮り続けた。マリー・リエスの写真は、生徒たちが新しい発見や想像力でその対象を知る瞬間をとらえている。それは友人たちと話し合っている時であったり、一人で静かに模索している時であったりする。彼らが写真の被写体となることを喜び、誇りに思っていることを私たちは彼女の写真から知ることができる。（中略）KYOTOGRAPHIEの展示では、目で見る世界と目では見えない世界、その二つの世界を繋ぐことに挑戦する。

伝統的な写真の意図を超え、マリー・リエスの写真作品を触るフォーマットへと変換した」。「さわる写真」の制作では、最先端フォトラボ・堀内カラーのUV印刷技術が用いられた。僕は博物館で働く全盲の視覚障害者、あるいは「障害」について研究する人類学者という立場で、この「さわる写真」制作、解説文の作成に全面協力した。また一か月の会期中、希望する視覚障害者・晴眼者（見常者）を対象として「さわる写真」体験ツアーを五回行なった。この経験を踏まえ、本章では「さわる写真」の意義と可能性について、多角的に論じてみたい。

僕は国立民族学博物館（民博）を拠点として、「ユニバーサル・ミュージアム」（誰もが楽しめる博物館）の実践的研究に取り組んでいる。二〇〇九年に「ユニバーサル・ミュージアム研究会」を組織し、民博の共同研究、科学研究費プロジェクトとして活動を続けてきた。現在、研究会のメーリングリストには各地の大学・博物館関係者など、百名余が登録している。二〇二一年秋の民博の特別展「ユニバーサル・ミュージアム――さわる！〝触〟の大博覧会」は、研究会の成果発表と位置付けることができる。

近年は民博のみならず、全国各地の博物館・美術館でユニバーサル・ミュージアムを指向するさまざまな展示、ワークショップの試みが繰り返されている。日本のユニバーサル・ミュージアム運動では視覚障害者対応、「さわる展示」の開発と普及が中心テーマとされているのが現状である。ユニバーサル・ミュージアムは単なる障害者サービス、弱者支援ではない。視覚優位、視覚偏重の従来の博物館のあり方を根本から問い直すのがユニバーサル・ミュージアムの要諦といえるだろう。

世界的にみても、「さわる展示」の事例は少なくない。彫刻などの立体作品に触れれば、目で見るだけではわからないこと、視覚による鑑賞では見落としていた事実を「発見」できる。温度や重さ、素材の質感など、さわることによって得られる気づきは多い。視覚障害者はもちろん、見常者にも立体物にさわる鑑賞を積極的に促すことが、ユニバーサル・ミュージアムの課題とされてきた。この課題についてはユニバーサル・ミュージアム研究会でも議論の蓄積があり、成果報告書が二冊の拙編著として刊行されている。

では、絵画などの二次元作品の鑑賞はどうだろうか。最近では多種多様な技法を用いて、視覚障害者が平面作品を理解するための触図が作られるケースが増えている。従来のミュージアムにおいては、視覚障害者が直接さわることができない絵画は、見常者のサポートの下、「言葉による鑑賞」を行うのが一般的だった。視覚障害者と見常者が対話によって鑑賞を深める取り組みは、とくに視覚経験を持つ中途失明者には有効である。しかし、ややもすると「見常者＝話し手」「視覚障害者＝聞き手」という図式が固定され、視覚障害者は受動的になってしまう。触図があれば、視覚障害者が対話のイニシアティブを取るための文字どおりの手がかりとなる。言葉のみによる鑑賞よりも、触覚的な体験が伴う方が「目に見えない絵」の記憶が鮮明に身体に記憶されるのも確かだろう。

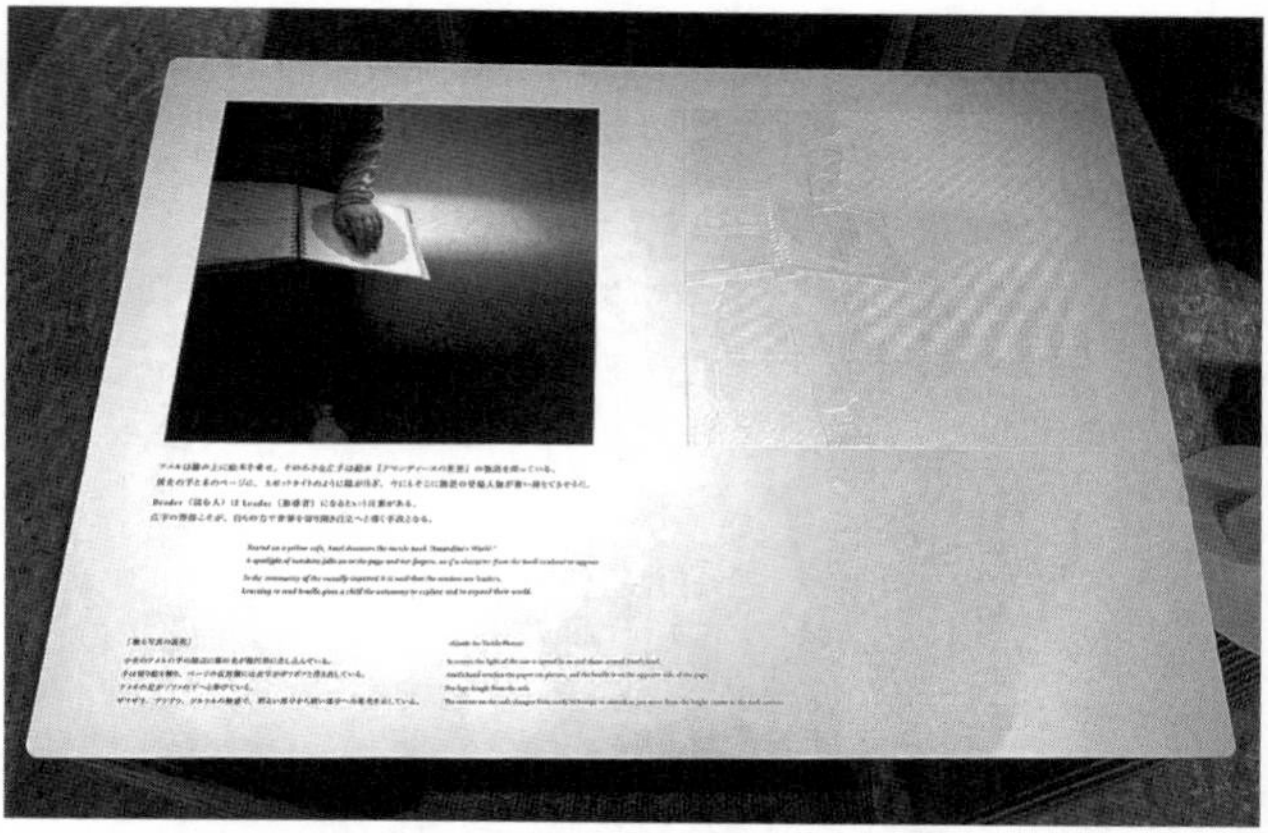

さわる写真とみる写真が対になったテーブル（撮影：桑田知明）。

触図の問題点として、以下の二つが挙げられる。

①対象とされる絵画の中に具体的に何が描かれているのかを伝える（教える）ことを目的とするため、どうしても触楽よりも触学の要素が強くなる。

②制作する側も鑑賞する側も「触図とは視覚障害者用の特殊なツール」という固定観念があり、見常者が触図にさわることはほとんどない。

今回のKYOTOGRAPHIEの「さわる写真」では、この二つの問題を解決する突破口を示すことができたのではないかと感じている。次節では「さわる写真」の特徴を紹介しつつ、バリアフリー（視覚障害者対応）とは一味違うユニバーサルな（誰もが楽しめる）触図の要件を検討したい。

触図制作のABC

触図は、視覚障害教育の現場で教材として開発された。盲学校用の点字教科書には理数科目の図形、社会科の地図など、さまざまな触図が多数掲載されている。こういった触図は、伝統的に「視覚障害者がさわって理解すること」を意識して制作されてきた。各地の盲学校や点字出版所では、わかりやすい触図作りのノウハウ、実践知が継承されている。

そもそも、見てわかるために作られた図形や地図を触図に翻案するのは難しい。種々雑多な視覚情報を取捨選択し、単純化・簡略化する必要がある。近年では、大中小の点の組み合わせで比較的簡単に触図（点図）をデザインできるソフトウェア、黒い印刷部分に熱を加えると隆起する立体コピー機なども普及している。まだまだ実験的な段階ではあるが、博物館・美術館の案内パンフレット、展覧会の図録などで触図を取り入れる事例も珍しくなくなった。

一方、盲学校の美術教育では、担当教員の裁量で触図を導入することはあるが、その活用は限定されている。残念ながら、今日に至るまで盲学校用の美術教科書は出版されていない。その理由として、以下の三つが考えられる。

①美術の教科書は視覚的な要素が強く、それをそのまま盲学校の生徒（点字使用者）に伝えるのは困難である。

②教科書に掲載されている大量の作品画像を触図化することは技術的には可能だが、膨大な費用と時間がかかるため、現実的にはきわめて難しい。

③盲学校の美術教育では作品制作（粘土による立体造形など）が中心で、鑑賞への取り組みが軽視されている。

盲学校における美術教育を充実させるためには、点字・触図による教科書の提供が不可欠である。しかし、点字使用の生徒数が激減する昨今の状況をみると、楽観はできない。地域連携という形で各地のミュージアムと協力し、鑑賞教育プログラムを企画・実施していくことが、今後の盲学校の美術教育を改変する起爆剤になるのかもしれない。僕が直接関わっているだけでも、愛知県美術館・京都国立近代美術館・岡山県立美術館などで、触図を用いた視覚障害者向けの鑑賞プログラムが行われるようになった。和歌山県立博物館では、継続的に「さわる図録」が発行されている。このような試行錯誤の流れが深化し、触図利用の有効性が実証されることを期待したい。

美術鑑賞で使用する触図は、単に「さわってわかりやすい」だけでは不十分である。視覚障害者の「触欲」をそそるような触図、さわって楽しい、さわりたくなる触図とはどのようなものなのだろうか。一般に、触図を理解するためには、点字の触読よりも高度なテクニックが求められる。点字が読めても、触図は不得意という視覚障害者が意外に多い。触図制作の前提として、以下の二点に留意すべきである。

①年配（六〇代以上）の視覚障害者は、触図教材が十分に整備されていない環境で盲学校教育を受けているので、触図の読み取りを苦手とする人が多い。

②指先が触れた点の情報を線、面へと広げ、頭の中で全体を組み立てるには、相当の時間がかかるため、触図の読み取りは、視覚障害者にとって根気を要する作業となる。

触図制作に当たっては、原図（視覚情報）を単純化・簡略化するプロセスが必須だが、その「親切心」が強すぎると、視覚障害者の「触欲」を減退させかねない。また、単純化・簡略化を進める際、どの部分を捨てるのか（捨ててもいいのか）について、慎重に検討しなければならないだろう。鑑賞ツールとしての質を確保しつつ、視覚障害者の「触欲」を刺激する触図を完成させるためには、以下の三者の連携が大切である。

A「Artist＝アーティスト、触図を創る人」
B「Blind＝視覚障害者、触図を使う人」
C「Curator＝学芸員、触図を伝える人」

Aが触図デザインを担当する印刷業者、点字出版所の職員という場合もある。触図制作は単なる翻案（視覚の触覚への置き換え）ではなく、アーティスティックな感覚によって裏打ちされていることを確認しておきたい（この点は、和歌における「本歌取り」に類似している）。また、たとえば僕が展覧会の実行委員を引き受ける際は、一人でBとCを兼ねることになる。同様に、AとCが同一人物というケースもあり得るだろう。視覚障害者向け

KYOTOGRAFIE の会場で「さわる写真」を楽しむ人びと。右端は著者（撮影：桑田知明）。

の美術教育が拡充すれば、将来的にはAの役割を担うBが登場する可能性もある。

視覚障害の当事者は原図（視覚情報）を自力で見ることができないので、どうしても現状の触図作りはAとC、すなわち見常者主導で進められるパターンが多い。視覚障害者が制作段階から主体的に関わり「さわって確かめる」ことによって、触図のクオリティがアップするのは間違いない。ABCの連携が大事であることに異論を唱える人はいないが、実際の触図作りは限られた時間、予算内で行われている。Bと協働しようとしても、どこで、どうすれば視覚障害者（「さわって確かめる」ことに習熟した触常者）に出会えるのかがわからない。こんな声をよく耳にする。ここでも、各地の盲学校とミュージアムの地域連携がポイントとなるだろう。

KYOTOGRAPHIEの「さわる写真」展では、

ＡＢＣの共同制作によりアーティスティックな触図を展示することができた。「さわる写真」のアイディア出しをする打ち合わせの初期から視覚障害者（広瀬他一名）が参加し、「さわって確かめる」チェックを積み重ねた。テストプリント（試作品）にさわり、改善点を要望するプロセスが約三か月続いた。今回、Ａに当たる堀内カラーの技術者は、視覚障害教育とは無縁の方々である。従来の触図の常識にとらわれない彼らの自由な発想が、「さわる写真」展成功の要因ともいえるだろう。

写真展のキュレーターは、各写真の複雑な背景の処理方法（整理と削除）に関して、頻繁に写真家（マリー・リエス氏）本人に連絡することを心がけていた。「この写真のエッセンスは何か」「どんな場面を撮ろうとしたのか」など、綿密な聞き取り調査ができたことも、「さわる写真」の実現にとってプラスに働いた。ＡＢＣともに比較的ゆっくり時間を使えたこと、度重なる打ち合わせをオンラインで実施できたことを考えると、今回の「さわる写真」はコロナ禍の副産物といえるのかもしれない。

誰のための「さわる写真」なのか

前節では「さわる写真」の制作過程を分析し、鑑賞ツールとしての触図の基本原則（ＡＢＣ）を概説した。直接さわることができる立体作品の鑑賞とは異なり、視覚障害者が能動的に平面作品にアプローチする場合、触図の役割が重要となる。触図制作にはそれなりの知識と経験が求められるので、平面作品の鑑賞のユニバーサル化には今後の課題も多い。しかし、各地のミュージアムが触楽に力点を置く触図を提供できる環境が整えば、日本のユニバーサル・ミュージアム運動は、国際的にも評価されるに違いない。「点字の触読は苦手だが、触図にさわるのはおもしろくて大好き」。こんな中途失明者（新しい触常者）が美術館から育つことを切望する。

さて、先述したように、「さわる写真」は視覚障害者のみのために作られたわけではない。今回の写真展では、見常者が写真にさわることを奨励した。一か月の会期中、あえて見常者が写真にさわる意味は何なのかと、僕は自分に問いかけていた。今回の写真展では通常のキャプションに加え、五枚の「さわる写真」に、触学・触楽用の解説文を付けた。このさわるためのキャプションでは、各作品のさわり方、さわり所を示している。限られたスペース、文字数では十分な説明ができなかったが、さわるためのキャプションを作った理由は二つある。

①触図をさわるだけで理解するのは難しいので、視覚障害者が自力で写真の構図をある程度イメージできるようなヒントを与える。

②「解説を読んだら、思わず手が伸びる」ことを狙いとし、見常者がさわりたくなるような動機付けをする。

以下に五点の写真に付したキャプションを引用しよう。○は一般的な解説、◎はさわるための「手解き」である。

写真一
◯ロダン美術館にて。彫刻の顔の凸凹に指を沿わせながら、静かに好奇心と集中力を高めるルイ。彼の背中には誰かの手がそっと添えられている。
◎右下にルイの背中に置かれた誰かの手がある。中央にはたっぷりとしたセーターを着たルイが彫刻の方を向いている。彼の左腕は彫刻の頭部へと伸びている。

写真二
◯アメルは膝の上に絵本を乗せ、その小さな左手で絵本『アマンディーヌの世界』の物語を探っている。彼女の手と本のページに、スポットライトのように陽が注ぎ、今にもそこに物語の登場人物が舞い降りてきそうだ。Reader（読む人）は Leader（指導者）になるという言葉がある。点字の習得こそが、自らの力で世界を切り開き自立へと導く手段となる。
◎中央のアメルの手の周辺にスポットライトが差し込んでいる。手は切り絵を触り、ページの反対側には点字がポツポツと浮き出している。アメルの足がソファの下へと伸びている。ザラザラ、ブツブツ、ツルツルの触感で、明るい部分から暗い部分への変化を示している。

写真三
○生徒たちが授業の始まりを待つ教室の中で、笑いながら、おどけてダンスのステップを踏むケンザとフラヴィオ。
◎左側には白い歯を見せながら笑う男の子がいる。右側にはポニーテールの女の子が、男の子の方に笑顔を向けている。手をつないだ二人は片足を上げ、市松模様のカーペットの上で踊る。

写真四
○ジョセフは一般中学編入後、他の生徒と打ち解けられずにいた。そんなある日の放課後、落ち葉が地面を覆う校庭のマロニエの木へ向かったジョセフ。木の幹に手を伸ばし樹皮を撫で、笑顔をうかべる。
◎下に、芝生の上に落ち葉が散らばっている。中央に、表面がザラザラ、凸凹した木があり、その枝は左右に伸び、ポツポツと葉が残っている。右手を上げ幹を触るジョセフは、木と一体化している。左側の背景には、他の生徒二人がいる。

写真五
○国立盲青年協会（パリ盲学校）に所属する一二歳以上の全盲・弱視の生徒は、「普通の環

境」に慣れるために、一般校に編入されるが、環境に馴染まず転校を繰り返す子どもたちもいる。一般校にせよ盲学校にせよ、そこで彼らは一生涯にわたる友情を築く。そしてその絆を胸に、社会へと羽ばたいていく。

◎フェンスの向こうに三人の生徒が立っている。右側に、うつむきながら得意げに冗談を言う男の子（ジョセフ）。左側に、喜んで顔の前で手を叩いて笑う眼鏡をかけた女の子。真ん中に、フェンスにもたれながら、微笑み、二人の会話を聞く男の子（ルイ）。

マリー・リエス展では、トータル一五枚の写真が展示された。「さわる写真」にしたのは、そのうちの五点である。触察には時間がかかるので、一五点は多すぎる。写真展の全体像がつかめるように、五点を厳選した。この五点の展示では、左側に見る写真と墨字（視覚文字）のキャプション、右側に「さわる写真」と点字キャプションを配置する。他の一〇点にも、点字キャプション（一般的な解説）は付けた。

「さわる写真」は全体が乳白色の隆起印刷で、着色されていない。「さわる写真」がカラー印刷されていたら、見る写真のダイジェスト版（単純化・簡略化）ととらえてしまう見常者が多いだろう。触覚に集中するために、時に「色」は邪魔になることがある。比喩的な言い方をすれば、目が見える・見えないに関係なく、「さわる写真」に色を着けるのは個々の鑑賞者ということになる。

「手と頭を動かして写真にさわることによって、画像を動画にできる」と、僕は体験ツアーで力説した。たとえば、写真一にさわってみると、あたかも自分が彫刻作品を触察しているような臨場感を味わえるだろう。写真二の光の微妙なグラデーション、写真四の木や落ち葉の触感は、理屈抜きで楽しめる「手触りのリアリティ」ともいえる。

画像を動画に変換するためには、物・者との対話が不可欠である。写真作品そのものとの対話、あるいは会場を訪れる多様な来場者同士の対話により、各人各様の想像力・創造力が発揮される。マリー・リエス展では、「さわる写真」の触察鑑賞に挑戦する熱心な視覚障害者の姿が、見常者の想像力・創造力を刺激したのは疑いない。

写真を見てさわる、さわって見るという鑑賞を繰り返せば、必然的に作品理解は深まる。「さわる写真」のABCプロジェクトでは、じつは見てさわる、さわって見る共同作業を通じて、制作と鑑賞が一体化していたことにあらためて気づく。写真展が終了した今でも、僕の心の中では、五枚の写真の被写体となった生徒たちがいきいきと動いている。こういった感動、躍動感をどうすれば見常者に追体験してもらえるのか。見常者が触図にさわる意味について、引き続き考えていきたい。

目の見えない者は、目に見えない物を知っている！

二〇二〇年のKYOTOGRAPHIEの統一テーマは「Vision」である。マリー・リエス展は、来場者にVisionの多義性を体感してもらう実践の場であったと、僕は感じている。パリ盲学校の「目の見えない」生徒たちは、どうやって「目に見えない」Visionを獲得するのだろうか。五回の鑑賞ツアーで、僕は自身の盲学校での実体験も踏まえ、視覚障害者が独自のVisionを拡張する手段について解説した。以下は、僕が鑑賞ツアーの際に用いた六つのキーワード、「VISION」である。

Vivid　まず、マリー・リエス展全体を通して作家、キュレーター、そして僕が伝えようとしたのは、生徒たちの豊かな表情、生命力あふれる身体の動きだった。「さわる写真」でも、生徒個々の表情、動きが表現できるように工夫した。なぜ、「目の見えない」生徒たちはいきいきしているのか。その理由として、僕は写真一に触れながら、「手」の大切さを述べる。盲目の生徒たちは自らの手をセンサーとして、「目に見えない」世界を探っていく。来場者は「目に見える」写真を手がかりとして、どこまで「目に見えない」世界に入り込んでいけるのか。「さわる写真」を楽しむ第一歩は、来場者それぞれが手を意識することだろう。盲学校の生徒のように、Vivid（活発）に手を動かす鑑賞法を推奨するのが、僕のツアーの導入である。

Intensive　盲学校の生徒たちの日常生活は、物・者との濃厚接触によって成り立っている。その事実を示すのが、写真二と写真三である。写真二は物（点字の本）、写真三は者（クラスメート）との濃厚接触の場面を活写している。ここでも、手がセンサーとなっていることに注目したい。点字の本は、見常者用の墨字の本よりも、はるかに少ない。また、盲学校の最大の特徴は、すべての授業が少人数制であることだろう。必然的に物・者との付き合い方はIntensive（集中的）となる。物・者との「密」な関係から、広さよりも深さ、量よりも質にこだわる盲学校生徒たちの世界観が形成される。

Sensation　写真二では、少女が点字の本を読んでいる。「さわる写真」でも、浮き出している点字が実際に触読できるように隆起印刷した（フランス語の点字なので、僕には解読できないが）。この点字の隆起印刷部分に指を置くと、僕自身が初めて点字に触れた日の記憶が鮮やかに蘇る。「こんなブッブッ、読めるわけないぞ」。僕はぶつぶつ文句を言いながら、触読練習に励む。ある日、「わかるぞ、読めた！」という感動が、僕の指先から全身に駆け巡る。僕はこの瞬間を「触覚が開く」と呼んでいる。盲学校では、「できない」と思い込んでいたことが、じつは「できる」のだと、実体験を通して学ぶ。閉じていた感覚（潜在能力）が開花するSensation（衝撃）は、自信へとつながる。点字の触読は、一朝一夕にできるものではない。それに比べると、「さわる写真」に触れた際の「わからない」という第一印象が、じっくりさわるうちに「わかる」に変化するSensationは、短時間でも実感できる。一人でも多くの見常者に、この「触覚が開く」Sensationを味わってもらいたいと願っている。

Inspire　盲学校と一般校の授業で大きく異なるのは、体育と美術だろう。盲学校の体育・美術では、視覚を使わずに、どんなことが、どこまでできるのかが追求される。写真三では、二人の生徒が手をつないでダンスしている。両者は、互いの姿や動きを視覚的に確認することはできない。だが、触れ合った手から相手の体勢や心境など、さまざまな情報を読み取っている。目で見れば、すぐにできるのに、視覚障害者にはなかなかできないということがたくさんある。世の中は多数派の論理、見常者の都合が優先されるので、視覚障害者が不自由・不便を感じることも多い。この不自由・不便を補うのが想像力・創造力なのである。盲学校、とくに体育・美術の授業で、物・者からInspire（触発）される経験をどれだけ蓄積できるのか。「さわる写真」の踊る生徒たちの手に自分の手を重ねると、見たことがないパリ盲学校の授業風景が僕の心の中に広がる。さあ、静かに目を閉じてみよう。そして、「目に見えない」世界に向かって、軽やかにステップを踏み出そう。

Opportunity　近年はインクルーシブ教育が国際的な潮流となり、地域の学校に通う視覚障害児・者が増えている。日本でも、地域の学校に通う視覚障害児童・生徒のための点字教科書が保障されるようになった。視覚障害者も見常者も、ともに暮らし、ともに学ぶのが理想の社会であるのは確かだろう。しかし、単純にインクルーシブ教育を礼賛することもできない。写真四では、インクルーシブ教育の中で迷い悩む少年・ジョセフの葛藤が紹介される。ジョセフは木肌に触れることで、何を感じているのだろうか。鑑賞者の感性に訴える印象的な写真である。一般校の教育では、視覚による情報入手・伝達が中心となる。そんな環境の下で、少数派の視覚障害者は苦労を強いられる。視覚に頼らずに、のびのびと行動できる盲学校のような授業・課外活動は、インクルーシブ教育では実施しにくい。視覚障害者が活躍できるOpportunity（機会）をどうやって創出するのか。障害特性を活かす学びの場を如何にして確保するのかが、インクルーシブ教育の眼目といえよう。

Network　写真五は、盲学校生徒三名の濃厚接触の様子をとらえている。この写真には、仲間と語らうジョセフが登場する。視覚に依拠せず、触覚・聴覚を多用する盲学校では、物理的・精神的に生徒同士の距離が近い。この近距離のコミュニケーションを通じて、「目に見えない」絆が結ばれる。国連の障害者権利条約の批准、障害者差別解消法の施行などの影響で、日本でも「ソーシャル・インクルージョン」（社会的包摂）という理念が人口に膾炙した。だが、見常者中心の社会において、就学・就労などの面で、視覚障害者が個性を発揮するのは難しい。差別解消を意図する「合理的配慮」が、多数派の「理」に合わせることで終わってしまうなら、ジョセフの苦悩は半永久的に続くだろう。現状のソーシャル・インクルージョンは、「合理的排除」を惹起しかねない危うさを内包していることを忘れてはなるまい。障害者が主体となって推し進める真のインクルージョン、マイノリティ発の新たなインクルージョンを具現するための土台となるのが「目に見えない」絆、すなわち当事者間のNetwork（連帯）なのである。

あらゆる場面での「非接触」、人と人、人と物の距離を取ることが強調されるコロナ禍の二〇二〇年に、あえて開催に踏み切ったマリー・リエス展。「さわる写真」の締め括りとして、盲学校生徒たちの濃厚接触画像を展示できたのは偶然とはいえ、きわめて示唆的だったといえるだろう。京都での写真展を終えた僕には、パリ盲学校の生徒たちの声がはっきり聞こえる。「目に見えない」コロナウイルスを過度に恐れることなく、自らの手で未来を切り開こう！

6 「文化」と「文明」で読み解くインクルーシブ社会の未来

インクルーシブ教育の理想と現実

視覚障害児は盲学校（特別支援学校）、地域の一般校のどちらに通うべきなのか。この古くて新しい問いに、簡単に答えることはできない。昨今はインクルーシブ教育が国際的な潮流となっており、全盲・弱視など、単一障害の児童・生徒は地域の学校を選ぶケースが多い。その結果、全国各地の盲学校の児童・生徒数は減少し、重複障害者（視覚障害に加え、知的障害のある児童・生徒）の割合が高くなっている。盲学校から地域の学校へという流れは時代の進歩、社会の成熟として積極的にとらえることができる。

一方で点字の習得、白杖を用いる単独歩行スキルのトレーニングなど、「視覚障害者として生きる」手段を身につける上で、盲学校教育が果たすべき役割は小さくない。インクルーシブ教育の現場で、視覚障害へのケアが十分になされず、全盲者・弱視者がいじめの対象となる話をよく耳にする。小学校は地域の学校に通ったが、学力的にクラスメート（健常者＝見常者）に付いていくことができず、中学・高校から盲学校に転校する事例も枚挙に暇がない。障害の有無に関係なく、万人が地域社会で安心して暮らせるのが「インクルーシブ」の究極の理想だろう。視覚障害に対するサポート体制が各学校・担任教師の裁量・熱意に委ねられているインクルーシブ教育の現状をみると、冒頭の問いに単純に答えられない（答えてはいけない）と、あらためて実感させられる。

僕自身、一三歳までは強度の弱視であり、小学校は地域の学校に通った。視力の低下により中学から盲学校に入学し、中高の六年間を東京の盲学校で過ごした。盲学校卒業後、京都の大学に進学し、現在は健常者に囲まれて仕事をする日々である。結論を先に言うなら、インクルーシブから特別支援、再びインクルーシブへという歩みは、僕だけではなく、視覚障害児・者にとってきわめて有効な教育プロセスだったのではないかと考えている。本章では「文化」「文明」をキーワードとし、インクルーシブ教育、特別支援教育の特徴を整理してみよう。

僕が小学校教育を受けたのは一九七〇年代だが、「文化」と「文明」をめぐる葛藤については、基本的に当時と現在で大差がない。逆に言えば、四〇年以上前に僕が経験した統合教育は、二一世紀のインクルーシブ教育につながる先駆的な実践であったと総括することもできるだろう。ちなみに、一九七〇～九〇年代はインテグレーション、すなわち視覚障害児（マイノリティ）を健常児（マジョリティ）の学級に「統合」するという発想が一般的だった。

まず、本章で使用する「文化」「文明」を以下のように定義したい。

文化…「創る・使う・伝える」に代表される各人各様の情報入手、自己表現の方法。「生き方＝行き方」(Way of Life)。
文明…文化の集合。地域・時代の枠を超えて、特殊・個別性に根差す文化を普遍化する事物・精神発達の複合体。

近代的な学校は視覚優位・視覚依存の教育システムである。教科書・黒板など、学校においては視覚による情報伝達が当たり前とされてきた。「より多く、より速く」をトレンドとする近代文明の申し子として学校制度が成立・発展したともいえるだろう。

これに対し、非視覚型の情報収集・発信に依拠する視覚障害児・者は学校から疎外される存在だった。マジョリティを対象とする普通教育が文明だとすれば、盲学校・聾学校などで育まれた特殊教育はマイノリティ固有の文化といえるかもしれない。点字は、視覚障害者が知識を得るための有力なツールである。知識習得がすべての学校教育の共通目的だとするなら、健常者が使う視覚文字とは別の「行き方」の可能性を示しているのが点字だろう。

点字受験・点字投票など、点字は視覚障害者の市民権ともリンクしている。良きにつけ悪しきにつけ、生活のさまざまな場面でマジョリティとは別の「行き方」を選択せざるを得ない視覚障害者は、「生き方」に関しても独自の道を歩むことになる。この「行き方＝生き方」の相違をプラス・マイナスのどちらにとらえるのかはケース・バイ・ケースであり、個人差も大きいだろう。

かつての統合教育では、マイノリティの「行き方＝生き方」の意義は忘れられがちで、マジョリティへの同化が強調されていた。インクルーシブ教育の理念は、マイノリティの文化を尊重すること、多様な「行き方＝生き方」の共存をめざすことである。近年は地域の学校に通う視覚障害児・者の拡大文字・点字教科書が保障されるようになり、盲学校教育を経ずに大学に進学する生徒も増えている。

とはいえ、体育や図工（美術）の授業では視覚障害者の「行き方＝生き方」が発揮しにくい。この状況は一九七〇年代以降の五〇年間で、さほどの変化がないように感じる。視覚障害者が人間として成長する過程において、ユニークな感性・身体感覚を鍛える機会を持つことは、健常者以上に重要ではなかろうか。僕は、体育と図工（美術）の授業のあり方が今後のインクルーシブ教育の大切なテーマになると考えている。言い方を変えれば、非視覚型の「行き方＝生き方」を育てる豊富な経験を持つ盲学校は、体育・図工（美術）の創造的な授業展開という面で強みを保有・継承できるはずである。体育・図工（美術）の授業を介して、今日の特別支援教育とインクルーシブ教育の緩やかな連携がなされることを期待したい。

統合教育＝「文化」の存続を希求する闘い

ここで僕の体験を紹介しよう。弱視だった僕は一九七四年に杉並区立若杉小学校に入学した。教科書・黒板の文字が読みにくい、先生の動作の見様見真似ができないなど、種々雑多な不自由・不便にぶつかる毎日だった。しかし、日常生活を送る上ではまだ十分な視力があり、遊び・勉強面で「障害」を意識することは少なかったように思う。「なんとかやっていた、なんとかなった」というのが素直な感想である。

休憩時間・放課後には健常者のクラスメートといっしょによく草野球を楽しんだ。僕がバッターの際、ピッチャーはボールを転がす、僕が守備につけば、とにかくボールにさわるとアウトなど、子どもならではの「広瀬ルール」が自然に工夫されていた。健常者により、健常者のために構築された普通教育という視覚中心の文明の中で、弱視の僕はさまざまな制限を味わう一方、自分なりの文化を生み出し、守ることができていたといえるだろう。

僕が自己の文化をマジョリティに無理なく受け入れてもらう点で、大きな支えとなったのが弱視学級の教員のサポートである。当時の若杉小学校には弱視学級が設置されており、二名の教員が専従していた。そのうちの一名は、大学で特殊教育（視覚障害教育）を専攻した教員である。僕は通常学級に所属し、すべての授業をクラスメートとともに受けていたが、体育・図工の学習など、視覚的な情報伝達が重んじられる科目では、弱視学級の教員が適宜支援してくれた。

また、週に一・二回のペースで放課後に「特別指導」という枠が設けられ、レンズ・拡大読書器の使用法の練習、漢字の書き取りなどに励んだ。当時は「みんなが遊んでいるのに、なぜ僕だけが特別指導を受けなければならないのか」と、疑問・不満を抱いていた。だが、四〇年を経て客観的に振り返ると、マイノリティの文化力を高める上で、特別指導を受けることができたのはたいへんありがたい。

僕が弱視学級の教員から学んだことを要約すると、以下の二つになる。「弱視であることを恥ずかしがらなくてもいい」（自信）、「見えない・わからない時は、自分が困っていることをきちんと周囲に伝える」（勇気）。どうすれば視覚障害児・者が自信と勇気を持つことができるのか。これは二一世紀のインクルーシブ教育においても最大の課題だろう。

自信と勇気を醸成する責任を児童・生徒本人のみに求めるのは酷である。両親・家族の協力は不可欠だが、それだけに任せることもできない。特別支援学級の拡充、専門性を有する教員の配置などが制度的に認められるなら、インクルーシブ教育の未来は明るい。逆に、視覚障害児・者に自信と勇気を与えることができなければ、インクルーシブ教育の文明化は望めない。一九七〇年代に、充実した環境の下で教育を受けることができた僕は幸運である。教育環境の整備は運・不運で片付けられる問題ではないが、若杉小学校にはあらためて感謝したい。

小学五・六年生になると、僕の視力は低下する。レンズ・拡大読書器を駆使しても、徐々に視覚文字を読むことができなくなった。体育の球技の授業では、同級生の激しい動きに付いていけなくなり、図工の写生会では苦戦を強いられる。このまま視力が低下し続けたら、どうなるのか。僕は失明を恐れ、あせった。これまでの文化が通用しなくなり、新たな文化も獲得できない危機状態である。

弱視学級の教員は点字の習得が必要であることを根気強く説明し、触読の手解きもしてくださった。僕自身も、視覚文字の活用が不可能となった現実を早く受け入れ、点字に切り替えなければならないことは、頭では理解していた。だが、残念ながら点字を使う自分にまだ勇気と自信を持つことができなかった。おそらく、小学校入学当初から点字を使っていれば、文字にまつわる葛藤はなかっただろう。「今までなんとかできていたことができなくなる、なんとかならなくなった」。この変化を受容することは、一一～一二歳の少年には困難だった。

特別指導の時間には仕方なく点字に触れるが、通常の授業では頑なに点字を拒否する。こんな中途半端な状況のまま、僕は小学校卒業の日を迎えた。点字への切り替えという自己のほろ苦い経験を通じて、僕は「行き方」が「生き方」に直結していることを痛感した（もちろん、小学生の僕にはそんな冷静な分析をする余裕はなかったが）。文字処理をはじめ、「できる」から「できない」への変化に苛立つ僕を優しく見守り、時に叱咤激励してくれた弱視学級の教員の忍耐と信念、人間愛に基づく「教育」には敬意を表したい。

体育や図工の授業では、周囲の健常児との違いを思い知らされる場面が増えていく。

「勉強面ではなんとかなるかもしれないが、このまま普通中学に進むのは無理だろう」。僕は弱視学級の教員の助言に従い、盲学校進学を決めた。小学校の卒業文集作成に当たって、弱視学級の教員の提案を受け、クラスメートが僕のために文集を点訳してくれた。弱視学級の教員がホームルームの時間に点字の一覧表を配り、簡単な表記法を説明する。クラスメートは自分が書いた文章を点訳し、各自の点字原稿を集めて広瀬用の文集が完成した。この点字文集は四〇年以上を経過した今でも、僕の実家の書棚に並んでいる。

分厚い手作り文集に初めて触れた時、僕は点字が自らの新たな「行き方＝生き方」になることを悟った。盲学校進学とは、健常者たちの普通の学校（社会）からの離脱である。卒業を目前にした僕は、ある種の劣等感に苛まれ、落ち込んでいた。そんな僕がこれまでとは別の「行き方＝生き方」を模索する旅に出る覚悟を固めることができたのは、クラスメート個々の手のぬくもりが感じられる文集のおかげである。この点字文集はさまざまな意味において、視覚障害者として生きる僕の原点、宝物ということができるだろう。

盲学校から盲人史研究へ

盲学校時代の六年間は、僕にとって独自の文化を確立するための成長期だったと総括できる。盲学校では視覚に頼らない聴覚・触覚型の情報入手・発信がスタンダードとされる。体育・美術の授業で、全盲者が不自由・不便を味わうことはまったくない。僕は視覚を使わずにできることの幅を広げ、点字による学習にも親しんでいった。盲学校は視覚障害者の文化の拠点である。健常者（マジョリティ）の文明から隔離された閉鎖的な教育環境であるのは確かだが、かえってそれゆえに盲学校にはメリットも多い。普通校では顧みられないマイノリティの文化、視覚障害の特性を活かすノウハウが蓄積されているのが盲学校なのである。

点字による大学受験は、己の文化の価値を証明する文字どおりの試験となった。希望する大学に合格した僕は、自信と勇気を胸に、京都での一人暮らしを始める。大学進学は、まさに僕にとって自立と社会参加の第一歩だった。大学入学後、再び僕は文明と文化の葛藤に悩むことになる。周りの健常者たちが視覚障害について何も知らないことに、僕はショックを受ける。「トイレは一人で行けますか」「階段が上がれるなんてすごい」。盲学校では当たり前である全盲者の行動の一つ一つが過大評価・過小評価されることに僕は戸惑った。

ここで役立ったのが小学校時代の実体験である。「全盲であることを恥ずかしがらなくてもいい」「見えない・わからない時は、自分が困っていることをきちんと周囲に伝える」。大学は近代の視覚文明を牽引してきた教育・研究施設である。その中で視覚障害者がどうやって、どこまで自身の文化を保持していけるのか。僕のキャンパスライフは、「行き方＝生き方」をめぐる健常者たちとの異文化間コミュニケーションの連続だった。小学校時代に不十分ながら異文化間コミュニケーション術を会得していた僕は、視覚文明に一方的に統合されるのではなく、新たな「行き方＝生き方」を自分なりに探究することができた。

視覚文明が支配する今日の社会にあって、視覚障害者がよりよく生きるためにはＩＣＴの利用が必須だろう。一九八〇年代後半には「点字・音声ワープロ」の開発・普及が進み、僕も大学のレポートなどを自力で書き上げ提出していた。視覚障害者がパソコンを介して視覚文字（漢字かな交じり文）を読み書きできるようになった技術革新は、必然的に彼らの「行き方＝生き方」を変化させた。日進月歩するＩＣＴ機器は、まさしく文明の利器なのである。

文明を海に例えるなら、各人各様の文化は川だといえる。僕が盲学校に入学した一九八〇年当時、点字しか使えない（点字を使うしかない）全盲者には選択肢、すなわち複数の川がなかった。点字使用者は盲学校へというのが常識だった。ＩＣＴの進展により、現在では全盲者にも就学（修学）・就労面で選択の可能性が広がっている。複数の川をＴＰＯに応じて使い分けることができる昨今の若い世代の視覚障害者は幸せである。彼らには自らの手でインクルーシブ社会を切り開いてほしいと願う。一方で、「健常者と同じことができる」物理的・精神的環境が整えば整うほど、視覚障害者の独自の文化を鍛えるチャンスが失われていくのは皮肉である。

大学・大学院の専門課程で、僕は盲目の宗教・芸能者の歴史研究に没入した。点字がない時代の盲人たちの「行き方＝生き方」はどんなものだったのか。これは視覚文明の中で試行錯誤を重ねる僕にとって、自分の「行き方＝生き方」を探る上でも大きな関心事である。琵琶法師やイタコ（盲巫女）に関する僕の研究成果については既発表の著作があるので（拙著『目に見えない世界を歩く』平凡社新書など）、ここでは繰り返さない。簡単にまとめると、以下の三項目に要約できるだろう。

①前近代の社会は視覚依存の文化ばかりではなく、聴覚・触覚型の文化など、複数の文化が混在していた。文明化を指向するそれぞれの文化が共存共栄していたともいえる。②『平家物語』に代表されるように、盲目の宗教・芸能者は視覚（文字）に頼らない独自の文化を創造し、それを師匠の手から弟子の手へ、口から耳へと伝承していた。③琵琶法師の口承文芸、イタコの口寄せ（シャーマニズム）などの盲人文化は、非視覚型の文明を創出する多様な種を内包していたが、その萌芽的可能性は視覚優位の近代化の過程で圧殺されてしまう。

中・近世の盲人史の研究を通して、僕は文化から文明を築くためには何が必要なのかを真剣に考えるようになる。この現在進行形の課題は、研究・実践の両面において、僕の後半生のライフワークとなるだろう。

「行き方＝生き方」としてのユニバーサル・ミュージアム論

国立民族学博物館（民博）着任後、僕は「ユニバーサル・ミュージアム」（誰もが楽しめる博物館）の実践的研究に取り組んでいる。

博物館とは、視覚優位・視覚偏重の近代文明のシンボルである。近代化の流れの中で、多彩なモノを見せる「視覚文明の実験装置」「視覚情報の集積基地」として博物館が発展したのは疑いない。そんな博物館の展示では、必然的に「見学」が大前提とされてきた。見て学ぶことができない・できにくい視覚障害者にとって、博物館は縁遠い場所である。民博に就職した僕は、あらためてこの厳然たる事実を突きつけられることになった。

視覚障害者（触常者）が得意なさわる文化を博物館に導入すれば、何が変わるのだろうか。第一に、視覚障害者の来館が増えることによって、博物館は万人にとって開かれた文明機関として前進できるだろう。加えて、展示やワークショップを楽しむ方法が多様化することで、健常者（マジョリティ）の博物館との付き合い方も変化していくに違いない。

僕がユニバーサル・ミュージアムを主題とする本格的な研究を開始して一五年が経過した。各地でユニバーサル化を意識した展覧会、教育プログラムが立案・実施されるようになったが、相変わらず博物館が視覚文明の中核施設である状況は続いている。客観的にみて、現在のユニバーサル・ミュージアムはまだ近代的な視覚文明の枠内にあり、その傘の下で見る文化・さわる文化・聞く文化など、多文化共生を試行するレベルにとどまっているのではなかろうか。

二〇二一年の民博の特別展は、さわる文化がさわる文明へ拡張するきっかけになったと感じている。目が見える・見えないに関係なく、すべての来館者が展示物にさわる。見学ではなく、触学によって、見るだけでは気づかないこと、普段は見忘れ・見落としている細部の情報を得る。これが、従来の博物館の常識・前提をひっくり返す特別展の単純明快な狙いである。そして、特別展での〝触〟体験をどうやって来館者個々の日常生活につなげていけるのかという点にもこだわった。

特別展を終えて、僕は新たなユニバーサル・ミュージアムの定義を検討している。これからのユニバーサル・ミュージアムは、脱近代の非視覚型文明を開拓するための壮大な実験場、接触と触発の連鎖を促すコミュニケーションの拠点にならなければならない。「ユニバーサル・ミュージアムから非視覚型の文明が生まれる」という新定義にしっかり肉付けできるように、自らの、さらには社会全体のさわる文化を錬磨していきたい。

文化から文明への移行を具体化する方途として、参考となるのがレイ・チャールズの「行き方＝生き方」である。彼は盲目のシンガーソングライターで、ソウルミュージックの創始者ともいわれている。レイにとって音楽は生きることそのもの、強烈な自己表現の手段だった。黒人のゴスペル（聖）とブルース（俗）、さらには白人のカントリーソングなど、既存のジャンルの垣根を超えて、レイ・チャールズは独創的なミュージック・スタイルを確立する。そのキーワードがソウル（魂）、すなわち目に見えないものだったのは単なる偶然ではあるまい。多種多様な音楽文化を吸収・融合して、ソウルミュージックという文明を打ち立てたのがレイの最大の業績といえるだろう。

僕が注目したいのは、彼が常に旅（ツアー）を続けている点である。彼の音楽は絶え間ない移動の途上、「On the Road」で生まれたといっても過言ではない。なぜ、盲目のレイは、時に困難を伴う旅を続けたのだろうか。もちろん、無名の若いミュージシャンは旅をしなければ生活できないという側面もある。しかし、レイの旅にはもっと深い意味があったと思う。

彼は目的の町に着くと、まず一人でストリートを歩き回り、自分なりの地図（メンタルマップ）を創る。目の見えない彼は視覚以外の感覚を総動員して、街の雰囲気、人々の気配をキャッチする。レイには客の表情・しぐさを視覚的に確認することができない。いや、無視覚状態になれるからこそ、客の見かけにとらわれない自由な演奏が身体から湧き出るともいえる。彼が発する触感豊かな音・声は、各地で人々を引き付けた。ここでも、行き方（情報入手法）と生き方（自己表現法）が不可分に結びついていることがわかる。

視覚障害者にとって、歩くとは危険と隣り合わせの行為である。あえて危険に身をさらすことで、皮膚感覚が鍛えられる。レイの研ぎ澄まされた皮膚感覚から紡がれるソウルミュージックは、聴衆の魂を揺さぶり、アーティストとしての彼の地位は不動のものとなった。

盲目の芸能者が旅をするという特性は、日本の琵琶法師・瞽女にも共通している。さまざまな芸能のエッセンスを包含する平曲・瞽女唄は、日本版のソウルミュージックである。平曲や瞽女唄の担い手は盲人に限定されていたので、数百年間持続する伝統文化として日本社会に根付くことができた。逆に、担い手が限られていたので、盲人芸能が文明に展開することはなかった。

米国のソウルミュージックは障害・人種などの枠を超えて、ユニバーサルな文明として広く世界に受け入れられている。レイ・チャールズの魅力的な声に耳を傾け、ユニバーサル・ミュージアムの文明化に何が必要なのか、じっくり考えてみたい。奔放な女性関係、薬物中毒など、倫理的にはレイ・チャールズを尊敬することができない。だが、視覚障害者の先輩、偉大な音楽家としての彼の足跡には、学ぶべきものが多い。視覚文明の中で触文化の大切さを訴える僕のささやかな挑戦をレイ・チャールズになぞらえるのはおこがましいが、僕も自身の魂を鍛錬する上で歩くこと、旅を大事にしたいと肝に銘じている。紆余曲折を経ながら、僕は自らの旅の最終段階、非視覚型（さわる）文明構築へと歩み始めた。

①視覚文化から離脱し、新たな自分の文化のあり方を模索した小学校時代
②視覚に頼らない自分の文化の可能性に自信を深めた盲学校時代
③歴史研究を介して、視覚障害者集団の文化の理論化を試みた大学・大学院時代
④触文化という概念を提唱し、その担い手を視覚障害者に限らず、万人へ広げようとし

ている現在

はてさて、⑤としてどんな文言を書き加えることができるのか。僕には人々の琴線に触れる音楽は奏でられないが、皮膚感覚を研《みが》き、「On the Road」のフィールドワークを継続しよう。

令和版『文明論之概略』構想

「健常／障害」という近代的な二項対立の人間観・世界観を超克するために、僕は「見常者・触常者」という新しい呼称を提案している。ユニバーサル・ミュージアムは見常者・触常者の異文化間コミュニケーションを促進する最前線の現場だということができる。ユニバーサル・ミュージアム論の根底には、前述した①～④のような文化にまつわる僕自身の実体験・実地検証の蓄積があることを明記しておきたい。

今後、ユニバーサル・ミュージアムの理念を文明論へ練り上げていくに当たって、福澤諭吉『文明論之概略』（一八七五年）は必読書になると僕は考えている。明治維新の当時、文明開化を国是とする近代日本を思想面でリードしたのが福澤である。一九世紀の日本（半開）と西洋諸国（文明）の関係は、障害者と健常者に置き換えることができるかもしれない。

福澤は単純な西洋文明礼賛に陥ることなく、あくまでも文明（civilization）とは「civilize」

していくこと、人民の知徳の進歩なのだと説く。文明は国の独立をもたらす手段であり、人民の知徳が増大すれば、文明の太平が訪れる。福澤の文明論では西洋文明を絶対化せずに、諸文明を相対的にとらえる視点が貫かれている。『文明論之概略』の最終章は「自国の独立を論ず」である。西洋列強との権力の不均衡を是正するために、明治初期の日本人は切実な危機感を持つべきだと福澤は訴える。そして、日本の独立には、国民集団の報国心（愛国心）が必要だと繰り返し述べている。

やや強引なこじつけだが、小学校時代の僕の状況は、福澤が『文明論之概略』を執筆した当時の日本に似ているように思う。西洋列強（健常者のクラスメート）に囲まれる中で、どうやって僕は生きていけばいいのか。視力低下に悩む僕にとって、独立は喫緊の課題だった。少年期に「切実な危機感」を持つことができた経験は、その後の僕の成長にプラスに働いた。盲学校で僕は己の知徳の増大に励み、独立心を養う。この独立心が僕のソウル（魂）のバックボーンとなっているのは間違いない。レイ・チャールズには及ばないが、僕も一人で世界各国を訪ね、「目に見えない」人間の心の動きを探っている。今日の特別支援教育、インクルーシブ教育が「一人で歩く」視覚障害児・者をどれだけ養成できているのか、オールド世代に属す僕としては気になるところである。

現在のインクルーシブ教育は障害児・者個人の学習権保障に力点が置かれており、当事者コミュニティ（集団）とのつながりが弱い。地域の学校に通う視覚障害児は大半の場合、クラス、もしくは学校全体で一人というマイノリティである。つまり、学校内で同じ視覚障害の仲間に出会う機会がほぼない。これでは報国心（愛国心）は育ちにくいだろう。僕が学んだ若杉小学校の弱視学級には、一〇名ほどの児童が在籍していた。所属するクラスは違うが、僕と同学年の弱視児もいて、毎週の特別指導で苦労と工夫を分かち合った。インクルーシブ教育を推進する上で、特別支援学級の充実、障害児・者同士の交流を図るサマーキャンプなどの企画が今後の重要課題になるだろう。

僕は大学・大学院で自己の文化への自尊心を培うとともに、視覚障害者コミュニティへの帰属意識も育成・強化することができた。視覚障害者版の報国心（愛国心）の有用性を僕に示してくれたのは琵琶法師・瞽女・イタコたちの歴史だった。五〇代半ばとなった僕は今、博物館をフィールドとし、日本（視覚障害者）・西洋諸国（健常者）の区別なく、触文化という普遍的な知徳を拡大・再生産する研究に従事している。さて、このユニバーサル・ミュージアム運動に文明の太平は訪れるのだろうか。

最後に、東海大学と神奈川県立平塚盲学校が連携する「ともいきアート」プロジェクトについて、さわる文明の具現化という観点でコメントしたい。本プロジェクトは、ユニバーサル・ミュージアムの最新動向、一般社会への応用事例としても注目に値する。

1　充実した図工・美術の授業を展開し、視覚障害児・者の鑑賞・制作の機会を確保するのは盲学校ならではの強みである。少人数制のアットホームな教室で、「さわって創る／創ってさわる」触学・触楽を実体験できるのは貴重だろう。視覚障害児・者が自身のアイデンティティの核となるさわる文化に出合い、親しむ場を創出するには、現状のインクルーシブ教育システムのみでは限界がある。当事者コミュニティの文化力向上、福澤流の報国心（愛国心）の定着という意味において、アートが果たす役割は大きい。

2　さわる文化がさわる文明へ発展するための種を蒔くという狙いで、本事業の毎年実施を強く望む。「ともいきアート」は県の助成の下で進められるプロジェクトだが、一年や二年の単発のスペシャル・プログラムでは「特別な経験」で終わってしまう。もちろん、特別な経験が児童・生徒たちの日常生活に刺激を与えるのは重要だが、自発的な文化が根付くには時間がかかる。類例のない連携事業の継続に向けて、関係者の奮起を期待したい。個人的には、高価なICT機器を大量に配布するよりも、児童・生徒の「手」を鍛えるアート分野に、もっと資金と情熱を注ぐべきではないかと考える。

3　「ともいきアート」の成果物、平塚盲学校の児童・生徒たちの造形作品は東海大学の松前記念館、東京都内のギャラリー等で展示される。文化から文明を創造するプロセスにおいて、ユニークな作品の展示・公開は大事である。時に一つのアート作品は、文字や言葉を超えるインパクトを社会にもたらすことができる。柳田國男は『遠野物語』（一九一〇年）の序文で、「願はくはこれを語りて平地人を戦慄せしめよ」と呼びかける。盲学

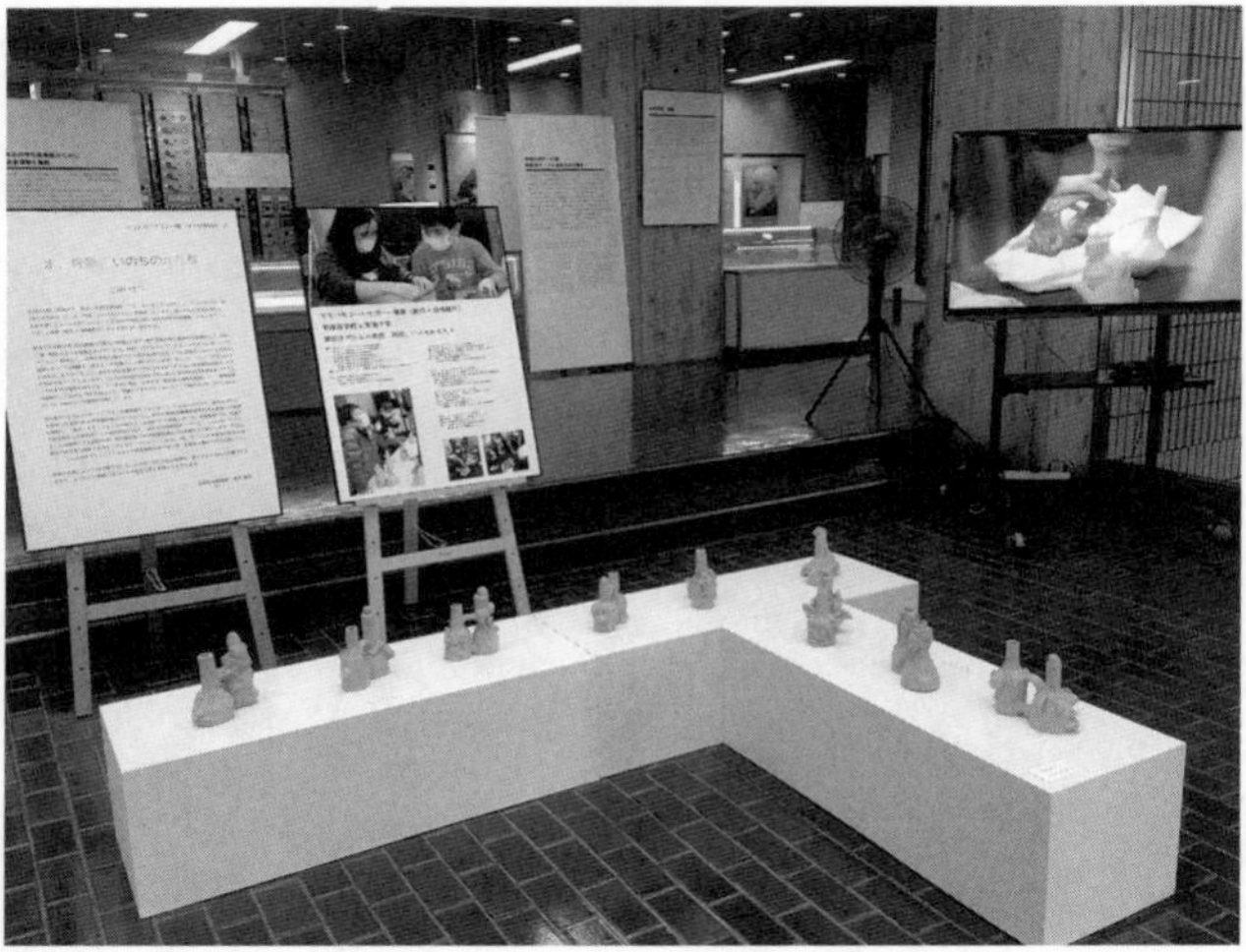

東海大学・松前記念館での「ともいきアート」作品展（撮影：篠原聰）。

校生徒の作品には、柳田が収集した「山神山人の伝説」にも匹敵する不可視のパワーが内包されている。「ともいきアート」の展示では、障害者アート、盲学校の作品展という位置付けではなく、「タッチアート」（触覚により制作され、触覚により鑑賞される造形物）が無造作に並べられる。そこでは視覚障害の有無、年齢・経歴に関係なく、触感の世界に遊ぶ魅力的な作品が僕たちを手招きしている。展示空間そのものが「インクルーシブ」を具体化していると評価できる。この作品展を多くの方に体感していただきたい。「ともいきアート」がさわる文明構築の出発点になれば嬉しい。

「ともいきアート」プロジェクトは盲

学校の児童・生徒、東海大学の学生、研究者、アーティストなどを巻き込んで、視覚優位・視覚偏重の近代文明への挑戦を続けている。このプロジェクトから「僕は彫刻家になりたい」「私は美術館の学芸員の仕事に興味がある」と、堂々と自己主張できる視覚障害児童・生徒が育ってほしい。彼らが多様な「行き方＝生き方」でインクルーシブ社会を主導していくことを切望する。

7　文明学としての「ユニバーサル・ミュージアム」

新たな「学」の構築

ユニバーサル・ミュージアムは『平家物語』である。最近、そんなことを漠然と、でも真剣に考えている。『平家物語』は盲目の琵琶法師によって語り伝えられた。中世の民衆の大多数は文字を使わない生活を送っていた。『平家物語』は琵琶法師たちの音と声で伝承されたため、中世社会に広く深く根付いたといえるだろう。琵琶法師の旅、すなわち足（身体）を用いる語り手の移動によって、物語の情報が各地に運ばれたことも看過できない。「祇園精舎の鐘の声、諸行無常の響あり」。有名な『平家物語』冒頭の一句は、「目に見えない世界」を音と声で探っていく琵琶法師たちの自信と気迫の表明ととらえることができる。『平家物語』は軍記物語の傑作といわれるが、その全巻を貫くテーマは「盛者必衰」である。勝者と敗者、生者と死者、敵と味方など、単純な二項対立の論理、近代的な価値観・人間観で『平家物語』を読み解くことはできない。

この物語が常に語り手と聴き手の対面の場で楽しまれていた史実は、オンライン会議、リモートワークが推奨される昨今の風潮に対する警鐘ともいえよう。物語の聴き手は琵琶法師の語りに耳を澄まし、実際には見たことがない源平の合戦の場面を鮮やかに想像・創造していた。聴覚情報をベースとして視覚情報を創り出す点において、語り手と聴き手の区別はなく、両者は緩やかにつながっていたのである。

一方、二一世紀の情報伝達は視覚に依存している。誰もが簡単に発信者・受信者になれるSNSの普及は『平家物語』の現代版として評価できる面もあるが、身体感覚を伴わない情報共有は浅薄で危うい。SNSの流行に象徴されるように、今日の社会は視覚優位・視覚偏重のトレンドが支配している。そんな中で、非視覚型のコミュニケーションの復権を訴えるのがユニバーサル・ミュージアム研究の要諦である。博物館での実践を日常生活に拡張し、人間本来の「感覚の多様性」を取り戻す。そのためのキーワードとして、僕は「野生の勘」「未開の知」などの語を使っている。

本書で繰り返し述べているように、ユニバーサル・ミュージアムとは単なる障害者対応、弱者支援ではない。僕自身、「障害／健常」の二分法を乗り越えて、「見常者と触常者の異文化間コミュニケーション」を促進する研究を続けてきたつもりである。『平家物語』は、目の見えぬ琵琶法師たちが語り伝えた芸能だからという理由で保護されたわけではない。視覚に依拠しない口承文芸として幅広い民衆に支持されたからこそ、『平家物語』は今日まで脈々と受け継がれてきたのである。

同様に二一世紀のユニバーサル・ミュージアム研究は、視覚障害という出発点を大切にしながらも、そこを突き抜けて新たな普遍性をめざさなければなるまい。ユニバーサル・ミュージアムは「近代」を超克する学の体系として成立・発展できるのか。本章では先行研究を整理しつつ、「ユニバーサル・ミュージアム学」の要件をまとめてみたい。

「障害」とは何か

ユニバーサル・ミュージアムは障害者支援ではないと宣言するに当たって、まずは「障害」とは何なのか、きちんと把握しておく必要がある。近年では「社会モデル」という理念が障害を定義する際の国際標準となっている。障害は個人の属性ではなく、個人と社会の関わりから生まれるものである。つまり、社会の努力によって障害は除去できると考えるのが社会モデルの根幹となる思想といえる。

英語で障害者は「Disabled」と称される。これは、社会によって「できなくさせられている」という意味である。欧米の社会モデル概念の影響の下、最近の日本のマスコミ報道などでは「〇〇に障害がある人」という表現が多用されている。本書でも「視覚に障害がある人」と表記すべきだが、煩雑なので一般的な「視覚障害者」を使用することとした。ちなみに、社会モデルを採用すれば、「害」を生み出すのは社会の責任ということになるので、「障がい」への表記変更はナンセンスである。「障害がある」原因を社会に求め、それを改善していこうとする大きな潮流は、二〇世紀の障害当事者たちの運動の成果、市民意識の成熟と位置付けることができるだろう。

社会モデルの考え方を支えるバックボーンとなっているのが欧米の障害学（Disability studies）である。日本の障害学研究の先駆者・杉野昭博は『障害学——理論形成と射程』（東京大学出版会、二〇〇七年）で欧米の障害学の歴史を概説し、日本での展開の可能性を論じている。日本では二〇一六年に障害者差別解消法が施行され、「合理的配慮」という語を耳にする機会が増えた。障害学研究の蓄積の上に国連の障害者権利条約があり、そこから障害を取り除く具体的な方法論として「合理的配慮」が提案されたプロセスは重要だろう。差別解消法の詳細については、川島聡他『合理的配慮——対話を開く、対話が拓く』（有斐閣、二〇一六年）を参照されたい。

博物館をはじめ、公共施設における障害者サービスを充実させるためには、「障害」をめぐる国際的な動きを理解しておくことが必須である。「合理的配慮」が日本社会に定着するまでに、まだまだ時間がかかるのは確かだが、差別解消がある程度達成できなければ、欧米の障害学批判をしても説得力がない。僕たちは欧米の先進事例に素直に学ぶのみならず、日本独自の発想で「障害」を問い直していく姿勢も忘れてはならないだろう。

欧米の障害学を主導してきたのは、いわゆるエリート障害者である。「合理的配慮」が提供されれば、自分たちは健常者に勝るとも劣らぬ能力を発揮できるという当事者たちの自信が、障害学を推進してきたのは間違いない。この図式は、「できる」障害者たちの祭典であるパラリンピックにも共通している。各方面に「合理的配慮」が浸透し、「できなくさせる」諸要素が縮小すれば、障害者の暮らしが豊かになるのは確実だろう。

しかし、そもそも「障害」とは近代の産物である。経済効率・生産性を最優先する近代の社会システムが、必然的に一定のマイノリティを「できなくさせて」しまったともいえる。「できなくさせられた」人を「できる」ようにする社会改良が差別解消の最終ゴールならば、現代人は欧米的な能力主義の桎梏から永遠に逃れられない。障害者を健常者化するのは障害学の輝かしい目標だが、同時にそれは近代的な学知の限界でもある。

ユニバーサル・ミュージアム研究は、日本の盲人史を土台としている。前近代の日本社会には盲人はいたが、視覚障害者はいなかった。当然、江戸時代以前に肢体不自由者、ろう者も生きていたが、彼らを一括する「障害」という枠組みは存在しない。盲人たちが障害者と認識されるのは、西洋文明の導入が顕著となる明治以降である。

盲人史の包括的な分析としては、加藤康昭『日本盲人社会史研究』（未來社、絶版）を挙げることができる。本書の初版発行（一九七四年）からほぼ半世紀が経過した現在でも、加藤の労作を乗り越える研究書は出ていない。前近代の盲人は、自力で文字を書き残すことができなかった。それゆえ、盲人史研究の史料はきわめて少ない。断片的な史料をつなぎ合わせ、盲人史の全体像を明らかにした加藤の綿密な実証研究からは、歴史学の醍醐味と厳しさを感じることができる。

他方、文字を使わない、視覚に頼らない生業として、琵琶法師（盲僧）・瞽女・盲巫女（イタコ）の活躍は、「目に見えない世界」を大事にする日本文化の特徴ともいえる。盲目の宗教・芸能者の実像については日本文学・民俗学関連の研究の蓄積があるが、以下の書籍を基本文献として推薦したい。川村邦光『巫女の民俗学――〝女の力〟の近代』（青弓社、二〇〇六年）、ジェラルド・グローマー『瞽女と瞽女唄の研究』（名古屋大学出版会、二〇〇七年）、兵藤裕己『琵琶法師――〝異界〟を語る人びと』（岩波書店、二〇〇九年）。

二一世紀に入り、「最後の琵琶法師」「最後の瞽女」と称される方々が相次いで亡くなった。今日では盲目の宗教・芸能者からの聞き取り調査はできないし、彼らと直接交流した経験を持つ人も高齢化している。残念ながら今後、この分野の研究が大きく進展する可能性は低いだろう。そんな中、ヨーロッパの吟遊詩人や米国のブルースシンガーと琵琶法師・瞽女を比較する人類学的な視点が大切になってくるのではないかと考えている。川田順造『口頭伝承論』（平凡社、二〇〇一年）などをひもときながら、音声による情報入手・伝達という切り口で日本の盲人史にアプローチしてみたい。

盲人史は非視覚型コミュニケーションの宝庫である。「障害」という欧米的な論理から離れて、触覚や聴覚の潜在力を発掘・開発する「脱近代化の実験場」として、ユニバーサル・ミュージアムが日本から世界へ広がることを願っている。一見、無関係だと思われがちなユニバーサル・ミュージアムと盲人史をリンクさせる媒介項として、僕がしばしば用いるのは自分史のエピソードである。たしかに、マジョリティとは異なるユニークな人生経験は障害当事者の財産であり、そこから健常者（社会の多数派）が見忘れ、見落としてきた事実を「発見」することもできるだろう。本書でも、僕の小学校～大学時代の体験談を数多く紹介している。

障害者自身の語りを元に論文・研究書を練り上げていく際の参考となるのが、熊谷晋一郎『当事者研究――等身大の〝わたし〟の発見と回復』（岩波書店、二〇二〇年）である。当事者の語りはリアルであればあるほど、他者から批判しにくくなる。しかし、いうまでもなく自叙伝と研究書は別物である。視覚障害者としての実体験に根差す僕のユニバーサル・ミュージアム研究も、他者、とくに健常者（マジョリティ）から批判・検証されることによって、さらに鍛えられるに違いない。

ユニバーサル・ミュージアム研究をライフワークとする僕に対して、こんな質問が投げかけられることがよくある。「視覚障害者対応を充実させるだけで、ユニバーサルといえるのでしょうか」「知的障害・聴覚障害・肢体不自由など、他の障害者への取り組みはどうなっていますか」。「ユニバーサル＝誰もが楽しめる」を具体化する方途は多様だろう。可能な範囲で、障害種別ごとの個別対応を積み上げて、ユニバーサルをめざす視点も重要である。実際、欧米の大規模ミュージアムでは教育普及活動の一環として、さまざまな障害者のニーズに応じるワークショップや鑑賞プログラムが立案されている。欧米の「ソーシャル・インクルージョン」（社会的包摂）の実践に、日本が学ぶべき点は多い。
だが、「障害」の克服を前提とする差別解消は、近代的な「Abled」（できるようにさせる＝万人の健常化）の発想を打ち破るものではない。僕が宣揚するユニバーサル・ミュージアムは、文字どおり「障害」を取っ払い、脱近代に向かう新たな普遍性を築くことを掲げている。今一度、ユニバーサル・ミュージアムは単なる障害者対応、弱者支援ではないことを強調しておこう。

博物館から「近代」を問い直す

ユニバーサル・ミュージアムは、従来の博物館の常識に改変を迫る。「さわる展示」は、健常者が当たり前としてきた博物館との付き合い方、「見学」という情報入手・伝達方法を変えていく。ユニバーサル・ミュージアムで視覚以外の感覚を活用する楽しさ、大切さを実感した来館者の日常生活は、緩やかに、でも確実に人間本来の「野生の勘」を取り戻す方向へシフトしていくに違いない。障害者（マイノリティ）のアクセシビリティの保障という観点ではなく、健常者（マジョリティ）をどうやって、どこまで巻き込んでいけるのかを多角的に検討することによって、日本のユニバーサル・ミュージアムは今日の形に成長したと自負している。

それでは、ユニバーサル・ミュージアムが乗り越えるべき対象とする従来の博物館、視覚優位の展示・教育プログラムとはどんなものなのだろうか。近年は各大学の学芸員養成カリキュラムが拡充し、簡便に博物館学の基礎知識を得ることができる教科書も複数発行されている。近代という歴史の流れの中で、博物館がどのように成立・発展してきたのか。そもそも、博物館とは何を目的として創られたのか。博物館を取り巻く現在の課題を確認するテキストとして、僕が手元に置いているのは以下の三冊である。吉田憲司編『博物館概論』（放送大学教育振興会、二〇一一年）、黒沢浩編『博物館展示論』（講談社、二〇一四年）、黒沢浩編『博物館教育論』（講談社、二〇一五年）。

なぜ近代は視覚に過度に依存する時代になったのか。この問いに即答するのは難しい。情報の入手・伝達において、より多く（量）、より速く（スピード）という思考が社会を支配するのが近代である。人間の五感はそれぞれに特性を持つが、量とスピードの両面で、もっとも優れているのが視覚といえる。多分野で視覚による情報入手・伝達方法、生産性と経済効率が追求される過程で、「見る／見せる」文化施設として博物館が誕生した。視覚と近代の関係を総合的に考察するためには、学校制度、マスメディア（新聞・テレビ）の変遷など、取り上げるべきテーマが多く、興味は尽きない。

博物館との関連で注目したいのは博覧会である。二〇二五年の大阪・関西万博は「世界を見せる博覧会」から脱却する契機となるのか。以下の二冊は、「見る／見せる」行為が、近代になって拡張した原因を探る手がかりとなるだろう。吉見俊哉『博覧会の政治学――

まなざしの近代』（講談社、二〇一〇年）、佐野真由子編『万博学――万国博覧会という、世界を把握する方法』（思文閣出版、二〇二〇年）。

日本の近現代史を俯瞰することで、独創的なユニバーサル・ミュージアム構想のヒントが得られるのではないかという仮説の下、僕は不十分ながらも本書で「さわる文明論」を提唱した。欧米列強との接触の中で、近代国家のあり方を模索する日本の姿は、健常者との関わりを通じて自己のアイデンティティを形成していく障害者に重なる。「見る博物館」が欧米列強だとすれば、「さわる博物館」は近代日本である。マイノリティの世界観をマジョリティに応用し、新たな普遍性を創出しようとするユニバーサル・ミュージアムの戦略を練るに当たって、識者たちの日本文明論は有益な示唆を与えてくれる。

僕が「さわる文明論」の着想に至る啓発書となったのは以下の二冊である。梅棹忠夫『日本とは何か――近代日本文明の形成と発展』（日本放送出版協会、一九八六年）、苅部直『「維新革命」への道――「文明」を求めた十九世紀日本』（新潮社、二〇一七年）。近い将来、イアン・モリス『人類5万年文明の興亡――なぜ西洋が世界を支配しているのか』（筑摩書房、二〇一四年）、ユヴァル・ノア・ハラリ『サピエンス全史――文明の構造と人類の幸福』（河出書房新社、二〇二〇年）などをしっかり読み込み、本格的な「さわる文明論」を描いてみたいと夢想している。

日本の近代化を民衆の視点でとらえようとする時、忘れてはならないのが新宗教教団だろう。幕末維新期に天理教・金光教など、多くの新宗教が勃興したのは周知の事実である。僕自身は博士論文で、大本教の教祖（聖師）・出口王仁三郎《おにさぶろう》の思想を研究対象とした（拙著『人間解放の福祉論——出口王仁三郎と近代日本』〔解放出版社、二〇〇一年〕）。

新宗教教団では教祖の神憑り、音声による教典の読誦、口伝を尊重する教義の継承など、文字・視覚に頼らない情報のやり取りが活発に行われている。社会全体が文字・視覚に依存する近代化の中で、非視覚型コミュニケーションを重んじる新宗教が各地に発生したのは単なる偶然ではない。いわゆる「上からの近代化」とは一線を画する別視角として、盲人史と新宗教史には意外な類似点があることを指摘したい。ここでは、近代史を民衆の視座から記述する研究書として、二人の碩学の著作を紹介しよう。安丸良夫『出口なお——女性教祖と救済思想』（岩波書店、二〇一三年）、島薗進『新宗教を問う——近代日本人と救いの信仰』（筑摩書房、二〇二〇年）。

近代・文明を論じようとすると、自分の力量不足を実感させられる。同時に、ユニバーサル・ミュージアムとは障害学・歴史学・博物館学など、既存の学問領域には収まらない「壮大な知の体系」であることをあらためて確認しておきたい。「ユニバーサル・ミュージアム学」の確立を標榜する僕のモットーは、「博物館から社会を変える」「博物館から脱近代の胎動が始まる」である。

触覚の沃野へ

ユニバーサル・ミュージアムを具現する方法として、もっとも有効なのは「さわる展示」の開発と普及だろう。僕は、「さわる＝目に見えない世界を身体で探る手法」と定義している。僕自身は視覚障害者としての実体験をベースとしつつ、「文化」の切り口から触覚研究に取り組んできた。視覚偏重の近代を脱し、非視覚型の文明を築くためのキーワードとして、本書でも頻繁に「触覚」（触角）を用いている。

かつて、僕は拙編著『世界をさわる――新たな身体知の探究』（文理閣、二〇一四年）で、触覚研究の三つの柱としてサイエンス、アート、コミュニケーションを挙げた。サイエンスに関しては触覚そのものの研究、触覚を活用した人文・自然科学の再解釈・再創造という両側面が考えられる。近年、脳科学・認知心理学・情報工学などの分野で、触覚に関心を持つ研究者が徐々に増えている。

最近の成果としては、以下のようなものがある。山口創『皮膚感覚の不思議――「皮膚」と「心」の身体心理学』（講談社、二〇〇六年）、伝田光洋『第三の脳――皮膚から考える命、こころ、世界』（朝日出版社、二〇〇七年）、仲谷正史他『触感をつくる――〝テクタイル〟という考え方』（岩波書店、二〇一一年）、渡邊淳司『情報を生み出す触覚の知性――情報社会をいきるための感覚のリテラシー』（化学同人、二〇一四年）。今後はユニバーサル・ミュージアムの「さわる展示」が、文系・理系の触覚研究者を結び付ける交流の場としても機能することを期待したい。

ヒーラット・ヴァーメイ『盲目の科学者――指先でとらえた進化の謎』（講談社、二〇〇〇年）は、貝殻の形状を触感で分類した全盲の進化生物学者の自伝である。この作品の原題は『Privileged Hands』（特権を与えられた手）だが、僕が提案する「触常者」という呼称にも通じる「逆転の発想」が観取できる。

これまでの科学では、視覚による情報収集が主流だった。目に見えない物を見えるようにすること、すなわち可視化が科学の進歩として称賛されてきた。しかし、目で見てわかることは科学の一部でしかない。「科学による触覚の研究」に加え、「触覚による科学の研究」がさらに深化する可能性は十分あるだろう。触感に基づく土器の系統分類、仏像様式の触覚美、布の手触りの地域比較など、僕自身が挑戦してみたい研究テーマは多い。柳宗悦『手仕事の日本』（講談社、二〇一五年）を片手に、伝統職人の世界にも着目していきたい。

さわるアートについては、制作・鑑賞の両面から多彩な実践が試みられている。二〇二一年の国立民族学博物館の特別展には六〇名以上のアーティストが参加・協力した。本展の図録『ユニバーサル・ミュージアム――さわる！〝触〟の大博覧会』（小さ子社、二〇二一年）は、日本における現段階でのさわるアート活動を集大成した文献といえる。触察鑑賞、触学・触楽体験を取り入れた教育プログラム、ワークショップを企画・実施するミュージアムは着実に増加している。アートとは、言葉や文字を超えた多様な自己表現の手段である。アートを媒介として、触覚に親しむ場が各地に広がることを切望する。

先述の拙編著『世界をさわる』では、触覚によるコミュニケーションの例として武道、赤ちゃん学を取り上げた。介助・スポーツ・教育などの現場を事例とし、コミュニケーションにおける触覚の役割にフォーカスした業績としては、伊藤亜紗『手の倫理』（講談社、二〇二〇年）もある。コロナ禍を経験した人類のコミュニケーションのスタイルはこれからどのように変化するのか、あるいは変化しないのか。僕はコロナ禍を人類が触覚の力を取り戻すきっかけにしたいと主張している。

人間は他者とのコミュニケーションがなければ生きていけない。他者と触れ合うために、人はあの手この手を駆使する。ユニバーサル・ミュージアムは、誰もが気軽に集うことができるコミュニケーションの拠点である。ユニバーサル・ミュージアムの「さわる展示」を体感した来館者たちが、物と者、者と者のコミュニケーションを始める。そのコミュニケーションの連鎖が未来へとつながっていく。さあ、中世の琵琶法師のように全身の触覚（触角）を総動員して、人生の感触を味わおう。触覚の沃野は僕たちの目の前、いや手の前に広がっているのだ！

※本章で挙げた書籍は、読者が入手しやすいことを考慮し、現在流通している最新版の発行所・発行年を記した。

第二部　話す——口と体を動かす

第二部の1〜6は「京都新聞」に掲載された、京都発で新しい暮らしのあり方を提案するキャンペーン企画「日本人の忘れもの　知恵会議」。二〇二一年の座談会・対談シリーズ（四月〜九月）では、僕がホスト役を担った。コロナ禍の時代状況の中で「文化」の役割を再確認しようと、オンライン参加者も交え、八名の方と対話した。考えながら言葉を選び、それをぶつけ合う対談は毎回エキサイティングで、相互接触から生まれる触発の大切さを実感することができた。そんな僕の「目に見えない」心の動き、知的興奮が本書を通じて読者に伝われば幸いである。なお、全六回の企画のコーディネーターは、京都新聞総合研究所所長の内田孝さんが務めた。

「日本人の忘れもの」の後には、7として雑誌『現代思想』の特集「ルッキズムを考える」でのインタビュー、8として京都部落問題研究資料センターでの講演の記録を紹介する。第二部では語りに没入していただくために、あえて写真は掲載しない。

1　暮らしと文化の役割——服部しほり、マクヴェイ山田久仁子、安井順一郎との対話

於 CROSSING 京都新聞スタジオ、二〇二一年四月

服部しほり
一九八八年生まれ。京都市立芸術大、同大学大学院で日本画を学び、京都市北区雲ヶ畑で創作を続ける。二〇二〇年に京都市芸術新人賞。第一回京都文学賞最優秀賞受賞作・松下隆一『羅城門に啼く』（新潮社）の装画を担当。

マクヴェイ山田久仁子
一九五七年生まれ。八七年渡米。九九年からハーバード燕京《イエンチン》図書館ライブラリアン。資料収集・購入の責任を持つ日本関連資料担当司書として研究者を支援。京都では度々調査を実施。

安井順一郎
一九七四年生まれ。京大在学中は演劇サークルで活動。九七年に旧文部省（現文部科学省）入省。初等中等教育局企画官、国立大学法人支援課企画官、人事課人事企画官などを経て二〇二一年一月から文化庁地域文化創生本部事務局長。二二年一月に初等中等教育局教科書課長となる。

「不要不急」と「浮要浮急」――「文化」の新たな定義をめぐって

広瀬　新型コロナウイルスの感染拡大により、残念ながら文化は「不要不急」のものととらえられがちです。この現状に対し、僕は違和感を持っています。僕が文化についてじっくり考えるようになったのは、二〇〇一年、仲間とともに「視覚障害者文化を育てる会」を設立した時です。

歴史をたどると一九六〇年代以降、僕たちの先輩は視覚障害者というマイノリティとしての「生存」を確保するために努力を重ねます。目の見えるマジョリティと同等の権利を得て「共存」することに懸命だったといえるでしょう。二一世紀に入り、ようやく文化を宣揚する「自存」の段階に入ります。「生きるためにはどうすればいいのか」から「どのように生きるのか」を自己、そして社会に問いかけるのが僕たち世代の課題となりました。視覚障害者としての独自の生き方、「Way of Life」を自覚するためのキーワードとして、「育てる会」は「文化」を用いたわけです。

視覚障害者の「Way of Life」とは四つの「しょく」、すなわち「食・色・触・職」の意義を探究する実践だと僕は考えています。食は万国共通の基本的コミュニケーション手段です。色については、視覚障害者とは無縁と思われがちですが、「ちょっとした工夫」をすれば、僕たちも色を楽しむことができます。実際、僕たちも日常生活において、支援機器やスマホアプリを使って、それぞれのやり方で色を認識しています。触は視覚障害者が個性を発揮できる得意分野です。そして最後に、社会人としての役割を果たすために、職業を持つことは欠かせません。

冒頭に申し上げたように、「文化は非日常的なもの」「まず生活を成り立たせた上で、その後に文化がくる」という風潮に、僕は違和感を抱きます。もともと、生き方そのものが文化なのだと僕は考えてきました。生活が充実したから文化が表れたのではありません。共存・自存を追求する過程で、人間の根本を問い直すことそのものが、まさに文化なのです。「育てる会」創立の背後には、視覚障害者の生き方を積極的に創造・発信することで、文化の定義を変えていきたいという決意がありました。

文化を論じる素材として、もう一つ挙げたいのは、僕が所属する国立民族学博物館（民博）の存在です。初代館長の梅棹忠夫先生（一九二〇〜二〇一〇年）以来、民博では「文化相対主義」に基づき、世界中の民族文化を対等に展示すると同時に、手でさわることも可能な露出展示を採用してきました。文化とは古今東西、人間が創り、使い、伝えてきた事物の総体であると僕は定義しています。人間同士の接触と触発の連鎖によって継承されてきた「触文化」を収集・展示するのが民博の使命である。こう考えると、視覚障害者である僕が民博で働く意味がはっきりします。

僕は白杖を使って、万博公園内を歩いて通勤しています。時々、公園に設置されたフェンスにぶつかってしまうことがあります。目が見える人はフェンスにぶつかることはないのだから、これは目が見えないゆえの「障害」といえるでしょう。しかし、見方を変えると、マジョリティが経験しない「異文化」とも考えることができそうです。目が見えないからこそ体験できる生き方をユニークな「Way of Life」、すなわち文化としてとらえる。そんな発想が民博勤務によって鍛えられたような気がします。

博物館は近代を象徴する文化施設です。民博も最近は展示物の保存・保護に重点が置かれるようになり、視覚優先の展示が増えています。視覚障害者なども含め、誰もが楽しめる「ユニバーサル・ミュージアム」を実現するためには、視覚中心・視覚偏重の従来型の展示方法を再検討することが不可欠です。明治以降、近代化の流れの中で日本人が忘れてきたものは何なのか。近代化の忘れ物を取り戻す役割を担うのがミュージアムだと思います。ユニバーサルな文化を創り、使い、伝えていくために、「触」は大切にしていきたい理念です。

この一年余のコロナ禍は、自分・社会・文化をみつめなおす「三みつ」体験を僕にもたらしました。二〇二〇年に開催予定だった特別展が延期になるなど、僕自身のライフワーク、ひいては存在意義が問われています。その中であらためて感じたのは、人間の生活にとって何が「要」で、何が「急」なのかを浮かび上がらせるものが真の文化力だということです。逆に言うと、人間の生き方を探究する上で肝になるものが文化なのではないでしようか。

「浮要浮急」の文化力を育むために、今日は僕なりに三人のパネリストへの問いかけを考えてみました。

まず服部さんです。視覚的なインパクトを意識して文化を「創る」立場の代表が画家でしょう。アーティストとして、視覚とどのように付き合ってきたのか。そして、視覚を追求する先に「視覚から離れる」境地はあり得るのか。とくに、日本画を描く上で「さわる」ことについて、どう考えておられるのかをお聞きしたいです。

次はマクヴェイさん。以前、在外研究でプリンストン大にお世話になった際、米国の日本研究に大いに刺激されました。細かい史料批判、実証分析が主流の日本国内の研究に対し、米国ではアジア諸国との比較、数百年単位の通史的な把握など、ダイナミックな日本研究が多数発表されています。日本を研究するために、あえて日本を飛び出してみる。文字どおり在外研究は、僕にとって「視野を広げる」体験でした。米国ではライブラリアンの方の厚いサポートも受け、その仕事の大切さを実感しました。現在、ライブラリーの貴重な資料を有効に「使う」業務の最前線におられるマクヴェイさんには、「外からの目」を持つことについて、具体例に即してご教示いただきたいです。

最後は安井さん。東京出身の僕が京大で初めて日本史の授業を受けた時、幕府がどこに置かれようと、常に日本の中心は朝廷であるとの「京都史観」に接して驚きました。同じ事象を分析するにしても、「視点を変える」ことによって、まったく違う歴史が立ち上がってくる。視点は一つではなく、複数持たなければならないことを学びました。「伝える」立場で活躍されている安井さんには、文化庁が京都にあること、なければならないことの意味をぜひ教えてもらいたいと思います。

ユニバーサル・ミュージアムでどう絵画を活かすか——服部しほり（日本画家）

——広瀬さんが、日本画家の服部さんに「視覚」について問いかけられました。視覚を創作の柱とする立場からお話しください。

服部　広瀬さんがおっしゃるように、私は絵を「創る」立場として、自身の目を鍛えてきた自負があります。物をとらえ、判別する。あるいは、愛《め》でる、慈しむ、守るなどの観点から、視覚としての目を駆使することが自分の得意とする能力だと、幼少時から信じてきました。日本画の大前提は写生です。対象を観察して、自分の中に落とし込んでからアウトプットすることで、作品ができあがるのです。

そこだけにとらわれていることに疑いを抱くことがなかった私は、今回、広瀬さんとの出会いから多くの気づきをいただき、学ぶことができました。

フェンスにぶつかるお話から思い出したのは、幼少のころ、別の考え事をしていて何かにとらわれた状態になり、前方の壁が視界に入っていても、「壁」と認識しないままぶつかってしまう経験でした。これは今でもあることで、日常生活に苦労することがしばしばあります。このように現実世界でトリップ体験ができる、またはせざるを得ない私は、広瀬さんと形は違えど、ある種の障害を持っているのだなと思います。視覚は確かなものだと思われがちですが、じつに危ういものと考えます。見たい所だけよくよく注視し、見たくないもの・見ようとしないものは簡単に世界から省いているわけですね。それが作家なのだと都合よく言えば、たしかにそうかもしれませんが、難儀しています。

たとえば、私の作品『faced face』も視覚にテーマを置いています。描いた顔は具体的でも抽象的でもあり、鏡で私が私自身の顔に視覚的にも感覚的にも直面して驚きを覚え、今までの自身のあり方が揺らぎ、愕然とするという作品です。今まで気づかなかったもの、見ないようにしてきたものを直視した時の驚きとあせり、果ての恍惚を表しています。この作品を描くことには勇気が必要でしたが、同時に更なる高みをめざす契機になりました。

広瀬さんからの質問について、です。目を鍛え過ぎてしまった私にとって、ユニバーサル・ミュージアムで絵画をどのように活かすのかを考えるのは非常に困難です。逆に、視覚障害者の方がどのように絵画を見るのかを、広瀬さんにおうかがいしたいと考えます。

米国における障害者研究――マクヴェイ山田久仁子（ハーバード燕京《イエンチン》図書館ライブラリアン）

マクヴェイ　私が国際基督教大で寮生活を送っていたころ、後輩として入寮してきた全盲の新入生が一人で何でもこなし、寮長も務めたことを思い出しました。

広瀬　その方は、僕と同じ盲学校の卒業生で、先輩です。芸術学の分野で博士号を取得され、現在は博物館や美術館のアクセシビリティについて研究しておられます。

マクヴェイ　それはすばらしいですね。彼女の活躍、心から応援したいです。

大学卒業後、近代文学資料の収集・研究を行う日本近代文学館に勤め、本の原形保存や修復に興味を持ちました。また、文学館の事業として漱石をはじめとする近代文学者の初版本の複刻出版があり、本の質感や創意工夫に満ちた装丁など、「本の世界」の奥深さに触れました。以来、和紙への深い愛情と敬意を抱いています。

一九八七年に渡米して、ボストンの職人養成の専門学校で二年間、伝統的製本技術を学びました。偶然その時期に開設された現代日本情報を提供する図書室に従事したことから、現在の仕事につながり、ハーバード大での図書館勤務が二〇二一年で三一年目となりました。最近は、大学図書館の大きな傾向としては、パンデミックの影響もあり、電子媒体での情報提供が主流になろうとしています。一方で物としての書籍も、研究対象として再認識されてきています。

今日、あらためて広瀬さんの著書を読んだことで思い至ったことがあります。一八二九年開校のパーキンス盲学校（The Perkins School for the Blind）がボストン郊外にあり、過去には重度障害の教育家、ヘレン・ケラーも学んだ歴史があるそうです。

また、毎年三月、米国におけるアジア研究者の集まりであるアジア研究学会（AAS）の年次総会が開催されます。二〇二一年は、若い研究者による東アジアにおける視覚障害を主題にした障害研究（Disability studies）の発表がありました。そこで私も知るウェイン・タンさんが江戸時代の医学書の視覚障害の記述を分析・紹介、映画研究のショーン・オライリーさんが座頭市映画について発表していたのを想起しました。

タンさんは二〇一五年の博士論文で、日本の江戸時代に、琵琶法師で組織された「当道座」では盲人のキャリアが確立されていたことを見事に明らかにしました。論文執筆当時、広瀬さんにもアドバイスを受けたタンさんが、こうして障害研究を研究仲間と続けながら発展させているのは、非常に興味深いことです。

米国では最近、BLM（Black Lives Matter）をはじめ、人種やLGBTQなど、マイノリティによる構造的差別に対する異議申し立ての動きが広がっています。視覚障害者をも含めた障害者問題への意識の喚起が、一九九〇年の「アメリカ障害者法」（ADA＝the Americans with Disabilities Act）の法制化につながった歴史が想起されます。

文化庁をなぜ京都に移転するか——安井順一郎（文化庁地域文化創生本部事務局長）

安井　文化庁では二〇二二年度中の京都移転をめざし、四年前に京都市東山区に地域文化創生本部を立ち上げ、移転の先行組織として業務を行なっています。

二〇二〇年一二月には障害者の文化芸術活動の振興の一環として、京都市左京区岡崎地区の京都国立近代美術館などで障害者芸術のプログラム「コネクト」を開催しましたが、広瀬さんにはパネルディスカッションに登壇いただきました。

人間は、「心」を持った生き物なので、物理的な生存だけでなく、心の充足に文化・芸術は欠かせません。文化庁の調査でも、二〇二〇年からのコロナ禍で文化芸術に触れる機会が減少した方々のほとんどが、生活の楽しみ、幸せが減ったと感じています。人々の生活の質や幸せに直結するのが文化芸術であり、その活動を文化庁としてしっかりと支えていきたいと思います。

京都に文化庁がある意味についてご質問をいただきました。広瀬さんのご指摘のように、文化に「創・使・伝」の要素があるとすれば、長い歴史の厚みを持つ京都は、連綿と伝えられてきた文化の集積地であることが理由の一つです。伝えられてきた文化としては、豊富な文化財が挙げられますが、それだけではなく、人々の生活の中で生きている文化が豊かであることも重要だと思います。今は博物館・美術館に収蔵されている美術品なども、もともとは人々の日常生活を支えるものとして実用的機能と美しさを併せ持つものであったと思います。ミュージアムには保存や研究、公開など大切な役割がありますが、陳列棚に入ると生活から離れてしまい、何かが抜け落ちていくようにも感じます。生活の中での文化の厚みも京都の魅力です。

また、京都は人口の約一割が学生で、国内外から多くの人々を引き付けて多様な人が集う場。新しい文化を創造する上で、魅力的な環境だと思います。京都の地で文化行政のあり方を考えるのは、文化を創るという観点からも意義のあることと考えます。

総合討論

広瀬　みなさん、ありがとうございます。目を鍛えに鍛えた服部さんへの質問のキーワードは、「視覚を離れる」ではなく、「視覚を極める」方がよかったですね。お話に出た言葉「愛でる」は、僕もよく使います。花を全身で楽しむなら、「花見」ではなく「花愛《はなめ》」の方がしっくりきます。

服部さんからの質問について。服部さんの母校、京都市立芸術大の辰巳明久教授が、ビジュアルデザインを勉強している三年生の学生に対し、視覚障害者にもわかる「さわる絵画」の制作を課題に出しました。これまでにも視覚障害教育、福祉などの文脈で、「さわれる絵画」が作られるケースはありましたが、どうしてもそれらは「目の見えない人に絵画を教えてあげる」という色彩が強かったように思います。健常者の「上から目線」が見え隠れするというのは言い過ぎでしょうか。

芸大生たちが作った「さわる絵画」は一味違います。視覚的にとらえられた絵画を触覚的に再解釈・再創造する。単なる視覚から触覚への置き換えではなく、新たな芸術的「翻案」を生み出す。そんな萌芽が芸大生の作品から感じられます。芸大生の「さわる絵画」は、二〇二一年の秋、民博の特別展で展示される予定です。絵画の触覚的翻案について、芸大の先輩である服部さんには率直なコメントをいただきたいです。そして今後、服部さんが何を見極め、何を描こうとされているのかもぜひお聞かせください。

マクヴェイさん、僕の著書を読んでくださり、ありがとうございます。お話にあったタンさんには米国でお会いしたことがあります。江戸時代史の優れた実証研究をされていますが、日本人研究者が得意な細かい史料解釈ではなく、もっとダイナミックな「外から見た日本史」を描いてほしいとも感じました。

一世代前のドナルド・キーン氏やエドウィン・ライシャワー氏の研究には、たしかに大風呂敷ゆえの穴も目立ちます。でも、日本人研究者がハッとさせられる鋭い指摘も多数含まれていました。米国の若い日本研究者には、世界の中の日本、東アジアと日本など、幅広い視野に基づく日本史像の構築を期待します。米国のアカデミズムにおいて、日本研究はマイノリティです。しかし、マイノリティならではのプラス面もきっとあるでしょう。米国の日本研究が将来、どのように発展していくのか、その可能性についてマクヴェイさんのご意見をお聞きしたいです。

安井さんのお話は説得力があり、頷きながら聞かせてもらいました。民博の開館は一九七七年です。開館当時の民博では、世界各国・地域の生活文化を伝えること、現地の土が残っているような道具・用具をそのまま等身大で展示することを旨としていました。開館から四〇年が過ぎ、展示資料の汚損・破損、劣化が目立つようになり、近年では資料保存の観点が重視されています。時代の変化とはいえ、「創・使・伝」に裏打ちされた触文化の意義を展示で表現しにくくなった現状は残念です。

文化庁が京都にくることについての総論はよく理解できましたが、具体的にどんな各論（個別の取り組み）を準備されているのか。ユニバーサルな文化を京都から創造・発信していくために、どんな「手」が考えられるのか。安井さんの見解をうかがいたいと思います。

安井　文化庁の移転に当たっては、文化行政の機能強化も重要です。これまで文化行政であまり対応できていなかった分野での取り組みを強化し、茶道・華道・書道・食文化などの生活文化の振興に取り組んでいます。文化が我々の生活から離れた特別なものではなく、生活とともにあるものと考えると、制作と鑑賞が近い生活文化は、我々の日常の暮らしの中での文化活動という点でも重要だと考えます。

また、従来の文化行政の深化として、文化財の活用に取り組んでいます。重要な文化財を個別に保存していく方法に加えて、街全体の文化財を面的に把握・評価して保存とともに活用を図ることで、文化財の持つ価値をまちづくりなどにも活かしながら、より多くの人に文化財のすばらしさを感じてもらいたいと思います。

コロナ禍においては、文化芸術活動継続の支援に注力するとともに、オンライン配信やバーチャルツアーなどの支援にも取り組んでいます。広瀬さんもワークショップを動画で開催されていましたが、新しい鑑賞の形として文化芸術活動の裾野を広げていきたいと考えています。

広瀬さんの唱える四つの「しょく」のうち、とくに「食」は言葉を超えてコミュニケーションを図るものですね。文化芸術もコミュニケーションの重要な場ですので、文化芸術の振興を通じて、人と人との「つながり」も強めていければと思います。

マクヴェイ　すばらしいご指摘、ありがとうございます。

大学での日本研究は世の中の動きにも影響され、全体的に人文学系専攻者が減る中、日本研究も減少傾向です。そうした中で『源氏物語』や武家社会などに代表される文学や歴史など、従来の伝統的なトピックだけでなく、現代日本の文化、とくにアニメやゲームに興味を持つ学生も増えています。任天堂などのゲームソフトも図書館に入り始めました。広瀬さんのご指摘のように、こうした事象を東アジアの文脈において研究するケースも多いです。東アジアでの『三国志』の受容を、テキストからオンラインゲームまでを対象とする共同研究の試みなど、記憶に新しいです。

一方、米国高等教育機関での言語履修の直近、二〇一六年のデータでは、二〇一三年比較で全体が九パーセント減っている中で、日本語は三パーセント増で、履修者も六八〇〇〇人と五番目に多い言語です。ちなみに、中国語は一三パーセント減、五三〇〇〇人の履修者、韓国語は唯一の大躍進で一四パーセント増、一四〇〇〇人の履修者でした。また、「アメリカ手話」が三番目に入っていましたが、今日のテーマとも少し関連して興味深いですね。

二〇一九年に開催されたニューヨークのメトロポリタン美術館「源氏物語展」は、有力美術館での日本文学作品を主題にした展覧会ということで画期的でした。ハーバード大のメリッサ・マッコーミック教授が共同企画者の一人で、石山寺の僧侶たちによるオープニングの法要には、真言宗の僧侶でもあるハーバードの大学院生も加わりました。同年のロンドンの大英博物館「マンガ展」も好評でしたし、近年のワシントン・ナショナル・ギャラリーの「若冲展」や、大英博物館の「北斎展」はいずれも大人気を博しました。また、残念ながらパンデミックでオープンした直後に閉ざされましたが、ハーバード大学美術館の「江戸絵画展」は、同館最大規模の力のこもった展覧会でした。

日本文化にはユニークで魅力のあるコンテンツが豊富であると感じます。Emoji（絵文字）、Haiku（俳句）、Umami（うまみ）などの単語は今では米国の新聞記事や、会話などでも普通に使われています。

服部　「さわる絵画」の翻案、非常におもしろいですね。その絵画の細かな説明ではなく、触覚的な翻訳をもって、新たな創造物として提示すること、それこそが皆の求めていたものなのだと感じました。単なる細かな説明となると、その絵画の鮮度は落ち、話す側・聞く側の感情も揺れません。作者の伝えたかったことを読み解き再提示する試みは、学生にとっても、さわる鑑賞者にとっても、新たな価値の発見となることでしょう。

私個人の制作について言及しますと、現時点ではまだまだ視覚から離れられず、今後極めていく途上にあります。そういう点で、視覚が優位過ぎる私自身をむしろ不自由と感じてしまいました。

私の作品の一つ『魔往生』は、『宇治拾遺物語』からタイトルを取ったものです。天狗にだまされ、念仏を唱える以外の修行をしなかった僧侶が、最終的には不慮の死を遂げる、つまり魔往生する物語です。中に描かれた僧侶は視点が定まっておらず、ただ何かを感じ取っているように描きました。この「錯乱のち陶酔」のような状態は、往生にせよ魔往生にせよ、人間の果てのあり方で、理性を要する人間の生の中では、絵画（芸術）が成し得ることかと感じます。私は今後、より一層、姿かたちが存在しない「念、情、論、空」などについて描きたいと考えています。人間の本質に迫る絵画を模索していきたいですね。

広瀬 みなさんのお話から、文化は不要不急なものではなく、人間らしく生きるために必須なものであることが明らかになりました。コロナ禍は、各人各様の「Way of Life」をみつめなおす機会になったのは間違いありません。「創・使・伝」それぞれのスタンスで独自の「Way」を掘り下げていくことで、僕たち個々の、さらには人類の「文化力」を高めていきたいですね。

〔対話のあとで〕アートの三要素に触れる

二〇一九年度から僕は招聘講師という立場で、京都市立芸術大の授業に協力している。視覚障害の有無にかかわらず、誰もが楽しめる「さわる絵画」を制作するのが授業の課題である。全盲者が芸大の講師を務める例は珍しい。僕は毎回の授業で、「目に見えない心を形にしよう」と強調している。目に見えない物を意識するという点で、目の見えない者の存在は学生に刺激を与えているようだ。

アート（ART）の三要素として、僕は次の三つを考えている。目的＝Aware（気づき）、効果＝Relationship（関係）、方法＝Touch（接触）。以下、簡単に説明しよう。

作品の制作・鑑賞は、自己の内面との対話である。自身の内部に生まれた気づきを作品として表現するのが制作といえる。一方、どんな気づきをどれだけ鑑賞者にもたらすことができるのかによって、作品の価値は決まる。芸大の授業では各自が好きな名画を選び、それをさわってわかる作品に翻案する。さわる絵画は、視覚から触覚への単純な置換ではない。学生たちは名画との対話を重ね、各人各様の気づきに基づき、作品の再創造に取り組んでいる。

アートは人と人、人と物の関係を問い直す。さわる絵画が美術館に展示されれば、視覚障害者の来館が増えるだろう。さわることを前提とする展示は、一般来館者と作品の関係、距離感も変化させる。美術館は視覚芸術の殿堂、展示は見る／見せるもの。こんな常識を覆す手がかりとなるのがさわる絵画なのである。

彫刻・絵画などは、実際に手を動かして作られる。それらの作品を鑑賞する際、作者の思い、エネルギーを追体験できるという意味で、触察は大切である。さわる行為によって、制作者と鑑賞者の手が重なり、一体化する。作品との接触は、作品からの触発につながる。各方面で非接触が求められるコロナ禍の現状は、さわることの意義を再考するチャンスともいえるのではないか。思わず手を伸ばしたくなるような学生たちのさわる絵画が、コロナ禍を吹き飛ばす起爆剤になれば嬉しい。

二〇二〇年一二月に「コネクト」という文化庁・京都国立近代美術館主催事業が開かれる。芸術・身体・デザインをテーマとする多彩なイベントが企画されている。会場となる岡崎公園周辺の文化施設で、どんなA・R・Tに出合えるのだろうか。あの手、この手を使って、アートの三要素を体感できる実践の場である。芸大講師としての手腕を磨くために、僕も「コネクト」会場に足を運ぶことにしよう。

2　障害／健常 境界はあるか――高橋政代との対話

於神戸アイセンター、二〇二一年四月

※神戸アイセンター
二〇一七年オープン。神戸市が阪神・淡路大震災復興事業として整備する「神戸医療産業都市」（神戸市中央区）にある。眼科分野での最先端医療から一般的な診察まで、一か所で実施できるワンストップ機能を持つ。iPS細胞（人工多能性幹細胞）の研究なども進めている。

高橋政代
一九六一年生まれ。京都大、理化学研究所で再生医療を研究。京大附属病院で診察に当たり、『京都新聞』紙上で健康相談も担当した。二〇一九年から再生医療研究会社「ビジョンケア」社長。

医療と福祉をつなぐ

広瀬　一三歳で完全に失明し、盲学校で点字を学んで「さわって情報を得る」楽しさを体得しました。点訳・音訳ボランティアの支援で受験勉強をして京大文学部へ。琵琶法師、瞽女など、目の見えない芸能者の活動を歴史学、宗教学から研究しました。

国立民族学博物館（民博）では、視覚だけに頼らない「さわる」情報入手・伝達方法、五感を使って楽しめる展示を研究し、二〇二一年九月開催予定の「〝触〟の大博覧会」を準備中です。当初は、二〇二〇年「東京オリンピック・パラリンピック」に合わせての開催予定でした。感染防止の観点は大切ですが、さわる行為を必要以上に警戒する現在の風潮は、とても残念です。

さわる博覧会で参考にしたのは、真っ暗闇を体験する「ダイアログ・イン・ザ・ダーク」（DID）です。DIDの発想は、高橋さんが中心となって設立された「神戸アイセンター」の理念にも通じるのかなと感じています。高橋さんのような一流の眼科医が、視覚障害に対する理解と共感に基づき、当事者支援に取り組んでおられることを嬉しく思います。

高橋　ありがとうございます。眼科医は目の治療を施すまでが使命で、その後は福祉の分野が担うと考えていましたが、失明した方が福祉の支援にたどり着けないのは、医師として十分なサポートができていないからではないかと気づきました。「医療と福祉をつなげよう」と、まず京大附属病院に視覚障害支援のロービジョンケア外来を設置しました。
最近はiPS技術に一縷の希望を託す患者の方も増えましたが、「まだ実験段階です」と伝えると、診察後に泣いて帰る姿を何度も目にしました。患者さんを悲しませることとなく、笑顔で病院から帰ってもらえるようにしたいと考えてきました。

これまでの知見を集大成し、視覚障害者の苦しみや悩みに向き合えるよう、多様な部門が連携したワンストップの場をめざしたのが神戸のアイセンターです。センター内の「ビジョンパーク」は、安心して視覚障害をカミングアウトできる広場です。反対論もありましたが、見えない・見えにくい状態で行動することに慣れるために、わざと段差を設けました。視覚障害者が体感で段差を把握できるようになる半面、段差でつまずいて転ぶのは視覚障害のない人だったりします。

広瀬　じつは、僕たちにとって段差は目印ならぬ足印になります。段差の位置を覚えれば、目が見えなくても広場のどこにいるかが体感でわかります。

高橋　その点は学びました。センターの段差を、見える人と混在しているなかでの「守られた危険」と呼んでいます。一般に、失明した人は白杖を持つことに抵抗があり、失明から白杖を使うまで平均して五年もかかっているのです。センターでは、さまざまな白杖を気軽に体験できる展示コーナーも設けました。白杖に対する心のハードルを少しでも低くできればと考えています。

見える人を見えない世界に導く

広瀬　高橋さんは、見えない人を見える世界へ導こうという努力をされ、全盲である僕は視覚を使わないことを標準と考え、博物館でも視覚を遮断する体験を重視しています。「視覚を使えない不自由」（マイナス）でなく、「視覚を使わない自由」（プラス）を多くの人に体験してもらいたいというのが僕の希望です。見える人をあえて見えない世界に導くとでも言えるでしょうか。一見、両者は相反する立場のようですが、共通点がありそうです。

一五年ほど前、眼科の専門雑誌『眼科ケア』でコラムを連載した際、二年間でもっとも大きな反響があったのは、「失明宣告」の意味を問うた回でした。誰もが辛いことですが、福祉制度の充実、スマホなどの最新機器の急速な発達で「見えなくてもできること」は確実に増えています。視覚障害で絶望する必要はないし、視覚を使わない人生の楽しさもあることをもっと伝えたい。比較的早期に視力を失い、僕のように全盲歴の長い立場からすると、シニカルで極端ですが「失明おめでとう」と言える時代がこないかなと思います。

高橋　よく理解できます。自分の目を使った読書はできなくとも、機能がどんどん向上する読み上げツールもあります。本を読みたい気持ちまであきらめる必要はありません。眼科医が失明を「かわいそう」と患者に伝えると、患者もそう受け止めます。親の辛さはわかりますが、視覚障害をネガティブにとらえると、子どもの成長にも影響します。

広瀬　網膜色素変性症など、遺伝性疾患を抱える人は、iPSに対する期待が大きいです。彼らは、日に日に目が見えにくくなる現状を仮の姿だと考えます。また「目が見える」元の生活に復帰できる、復帰しなければならないと、治療に望みを託します。そんな彼らを、僕は「あっさり盲人」と称しています。一方、僕のように見える世界から離れ、見えない世界に思いきり浸かって楽しむ人は「どっぷり盲人」と呼ぶことができます。

視覚障害者はマイノリティだから、「あっさり」と「どっぷり」が連帯して集団としての権益を主張していかなければなりません。「どっぷり」プラス「あっさり」で、「どっさり」になればいいのですが、現実はなかなか難しい。見えないことを悲しむ人は、なんとかしてそこから抜け出そうとする。開き直って見えないことを楽しもうとする人は、自己の住む世界を拡充しようとする。現在の視覚障害者コミュニティは、否定（あっさり）派・肯定（どっぷり）派に二極化する傾向が顕著です。肯定・否定の二つの派閥が交流できる拠点として、アイセンターが発展すればいいなあと思っています。

高橋　まさにセンターはそこをめざしています。実際、世間は視覚障害の完治ばかりを期待しがちですね。考える方角を少し変えれば、便利な機器活用にも意欲が出て、世界が一気に開けてきます。

センターでは「isee! 運動」という視覚障害についての知識を共有する事業を展開しています。「見える人、見えない人」という区分ではなく、いろいろなタイプの視覚障害がグラデーションのように地続きになっているのが現状です。これが社会で受け入れられ、視覚障害を当たり前にカミングアウトして、悩まず白杖を使えるようにすることが大事です。眼科医の役割も大きいでしょう。当事者や社会も、視覚障害に対する意識を変えていく必要があります。

広瀬　要約すると、多様性の尊重ですね。視覚障害は、全盲から多少は見えるロービジョンまで、症状は千差万別です。見えない人の文化は、完全に別世界とみなされる恐れがあるので、高橋さんの「地続き」という言葉は、現状をうまく表現してくれていると思います。

現在、視覚障害者の最大の課題は就労。とくに大学卒業後の進路開拓が厳しい。社会は目の見える多数派の論理で成り立っており、目の見えない人ができないことに着目しがちです。新聞社の入社試験なら「事件現場にいち早く駆けつけられますか」「写真を撮れますか」と、できないことを列挙され、門前払いされそうです。

高橋　試験で問われるべきなのは、そこではないですね。

広瀬　見えないからこそ、できることがあります。できないことを数え上げるのでなく、できることを探し、どうすればできることを増やせるのかと考える。発想の転換が必要でしょう。

視覚障害者自身の意識に加え、受け入れる一般の人たちも「障害者は別世界の存在ではなく、地続きで自分たちとつながっている」との意識、つまり「他人事」ではなく「自分事」としてとらえることが大切でしょう。

高橋　まったく同感です。「isee! 運動」の一環で、視覚障害者だからできるアイディアを募集中です。厳しい状況が続く就労も、広瀬さんと協力して改善していきたいですね。

現状は「福祉」と「障害のある当事者」が、それぞれ特別感を持っているようです。福祉は見えない人の社会生活を充実させる仕組みづくりが目的ですが、一般社会は健常者の存在だけを前提としています。「障害が軽い人を主に想定した社会」ができれば、一般の人たちも「健康幻想」のような強迫観念から解放され、障害が重い人も健常者も双方が楽になるように思います。

また、誰もが障害を持っています。テレワークに必要な情報通信技術や英語が苦手なことも、一つの障害だととらえる方がいいのではないでしょうか。

完治をめざさない医療

広瀬　中学生の時に日々視力が衰え不安が増す中で、信頼している医師から「あなたの治癒は絶望的」と宣告されました。ここから、「先が見えない」僕の視覚障害者人生が始まりました。そして、四〇年。先が見えないおもしろさが、僕の人生を豊かにしてくれたと感じています。四〇年の間に眼科医をはじめ、さまざまな人に出会い、サポートを受けてきました。街中で道に迷い、知らない人に手助けしてもらうこともよくあります。同じようにおっかなびっくりで視覚障害者の案内をしている人でも、仕方なく手助けしているだけなのか、シンパシーを持っていっしょに歩いてくれているのか、その違いはよくわかります。

高橋さんは障害の当事者ではないけれども、「目の見えている視覚障害者」ともいえそうですね。高橋さんのように、当事者のことをしっかり理解しようとする医師が、もっと増えればいいなと思います。目が見えるようになるかどうかという単純な結果ではなく、患者と医師の信頼関係があってこその治療なのだと、高橋さんのお話をうかがって再認識しました。

高橋　仲間に入れてもらえて嬉しいです。ＡＩ（人工知能）が診断や手術をこなせる時代はすぐそこまできており、医師の役割は大きく変わります。再生医療のように先端的な治療を生み出すことと、人間性に基づいた全人的な医療ケアが医師には求められるのではないでしょうか。

医師を務めてきて感じるのは、患者さんに心から満足し安心してもらえるなら、必ずしも医療で完治しなくてもいいのではないかということです。世界最先端の医療でも安心して受診してもらえず、意味がないと言われるなら、医療としては失敗だと思います。

広瀬　患者と医師、障害者と健常者の信頼関係を築くという点で、誰もが気楽に立ち寄れるビジョンパークのコンセプトはすばらしいと思います。民博で開催予定の〝触〟の大博覧会を、さまざまな人々の「手」が集う場にしたい。そして、人や物との接触から生まれる信頼関係を二〇二五年の大阪・関西万博につなげていきたいと願っています。

高橋　眼科医は、全盲の方に会うと、自分たちの限界を感じます。それが怖いという部分もあります。見えないことを含め、さまざまな見え方があっていい。各自が自身の視覚障害をカミングアウトできる場を社会が認知し、みんなが当事者となるインクルーシブな環境づくりが目標です。

「いのち輝く未来社会のデザイン」がテーマの大阪・関西万博では理事を務めています。あえて障害者用の席は設置せず、事業運営も視覚障害者自身に委ねる。広瀬さんといっしょに準備を進めて障害の意味を問い直し、信頼し合える社会を築くという成果を残せれば幸いです。

3　他者理解の先にあるもの――岩崎奈緒子との対話

於京都大学総合博物館、二〇二一年六月

岩崎奈緒子
一九六一年生まれ。日本近世史。二〇〇一年に京大総合博物館着任。館長も務めた。著書に『近世後期の世界認識と鎖国』（吉川弘文館）。「京都・大学ミュージアム連携」で共同展示にも尽力。

昔と今の大学の空気

岩崎　ここは、一九八七年に京大に入学した私たちが三・四回生の時に古文書演習で使っていた畳敷きの部屋です。当時は、文学部博物館でしたが、今は文学部から離れて、総合博物館という組織に変わりました。

広瀬　この部屋には少しほろ苦い思い出があります。古文書演習はくずし字で書かれた史料を読解していく授業ですが、大げさに言えば、目の見えない僕にとっては人生最大のピンチでした。大学受験、一般教養科目の教科書など、それまでは通常の文字を点字にしてくれる支援者がたくさんいました。「目が見えなくてもなんとかなるさ」と思っていましたが、さすがに古文書には手も足も出ませんでした。

前例がないので、自分で古文書との付き合い方を考えるしかないわけです。担当教員とも相談し、最終的に僕はこの部屋で学ぶ同級生から一人離れました。当時、パソコンの画面読み上げソフトが普及し始めており、大学院の先輩に古文書をパソコンで入力してもらいました。僕は別室で、そのデータを一文字ずつ音声で聴いて確認します。さらに、それを自分で点字にして解釈します。時間はかかりますが、一つ一つの史料の重みを実感しました。今の学生たちにとって新型コロナウイルス感染拡大はピンチですが、同時に新しいことに踏み出すチャンスでもあるととらえてほしいと思います。コロナ禍をこれまでの勉強法、生活スタイルをじっくりみつめなおす機会にしてもらいたいですね。

ところで、岩崎さんはなぜ京大を受験したのですか。

岩崎　もともと、民俗学に関心があって、現地に赴いて調査するフィールドワークに憧れていました。民俗学をやるなら歴史のことがわかっていた方がいいと助言され、日本史を専攻しました。

私は短大卒業後、四年間の会社員生活を経て、一年間予備校に通いました。勝算なく始めた浪人生活でしたが、ＯＬのころよりも毎日はよほどおもしろかったです。運良く入学できた京大では、定年後に入学してきた人もいて、現役入学者とは七学年違いですが、違和感や孤独感はありませんでした。

広瀬　僕の場合は東京で生まれ育ったので、京都にきた一番の理由は親元を離れたかったからです。何もできないくせに、いや何もできないからこそ、一人暮らしに挑戦したかった。司馬遼太郎が好きで、戦国時代や幕末の歴史に興味があったので、日本史を学ぶなら京都の大学がいいなと考えていました。

もう三〇年以上も前になりますが、京大に入学した初めての全盲学生ということで、まずメディアからの取材攻勢がありました。「有名人になったぞ!?」という単純な喜びがある一方で、「京大入学者は二千人以上いるのに、なぜ僕だけが特別扱いされるのだろう」と、疑問も感じました。

大半の同級生は、全盲の人と接するのが初めてです。階段は一人で上がれるのか、食事はどうするのかと質問攻めにされました。僕にとって当たり前のことでも、同級生は「すごいね」「たいへんだね」と素直な感想を述べる。入学後の数か月は、視覚障害に対する過大評価と過小評価の連続で、フラストレーションが募りました。

ただ、学内は全体的にのんびりしていて、当時の文学部は休講も多かった。勉強も遊びも、時間の使い方は自分で決めるという意識が強かったと思います。「大学とは、自分で勉強する所だ」と明言する教官もいました。大学で「自分」を鍛える時間が与えられたのは幸福なことですし、京大の自由な雰囲気は僕に合っていました。

岩崎　二〇二〇年度はオンライン授業が中心で、大学構内に立ち入ることさえ難しい時期が続きました。人と接する機会が失われてしまうことは、学生の人間形成において非常にマイナスだと思います。生協でいっしょにご飯を食べる、ゼミの発表で恥ずかしい思いをする、そういう何気ない経験が若者には大切ですね。

広瀬　二〇二〇年度の後期、京都市立芸術大でオンライン授業を担当しました。作品制作をする演習なので、本来は対面授業で、僕も実際に学生の試作品に触れてアドバイス、評価をするのが原則です。でも、二〇二〇年度はオンラインで学生に作品のコンセプトを説明してもらう形式になりました。学生個々が「言葉」を磨くトレーニングにはなったと思いますが、制作系の授業をオンラインで進めるのはきつかったですね。一部の学生たちはオンライン授業の傍ら、時々大学にも出てきていました。少人数で集まり、お互いの作品を見せ合ったりしながら、制作に励んでいました。

結果として、一人で自宅にこもって制作した学生よりも、友人といっしょに切磋琢磨して作業を進めた学生の方が、おもしろい作品を完成させたかなと感じました。一人で黙々と手を動かすのが性に合っている人もいますが、やはり友人との交流は重要です。僕はよく「非接触社会から触発は生まれない」と言っています。僕が学生のころ、授業には出ないが、サークルのボックスには顔を出す、なんてことが度々ありました。もちろん、感染拡大予防は大事だけど、学生にとって大学構内に入れないことは、いろんな意味で厳しい事態ですね。

岩崎 ものづくりをしたり、考えたりすることは、言い換えれば、自分を表現することであって、誰かと競い合ったり、評価されたり、時には批判されたりすることを通じて、自分自身が何なのかを確かめているところがあります。作ったり考えたりしている時、多くの人は自分一人で取り組んでいると感じていると思いますが、それは錯覚で、じつは無意識のうちに、外部からの影響をはね返したり、受け入れたりしながら、自分自身に向き合い、思考を深めているんですよね。オンラインにもいい所はありますが、情報だけのやり取りに終始しがちな印象があって、もし大学のオンライン授業がそうなってしまったら、学生はケージの中でエサを与えられているブロイラーと同じではないかと心配です。

点字の功罪

広瀬 大学の同級生たちとの交流の中で、視覚障害者である自分の存在意義を考えるようになりました。まあ、そういうと少々大げさですが、昔の盲人たちも「すごいね」「たいへんだね」と言われていたのか、興味がありました。僕の研究は、盲目の宗教・芸能者である琵琶法師(盲僧)や瞽女の調査から始まっています。一九九〇年代には現役で活躍している盲僧、イタコ(盲巫女)が九州や東北地方におられたので、各地を訪ね、聞き取り調査を重ねました。

歴史をさかのぼっていくと、前近代の社会では文字を使える人が少数派です。社会の多数派は文字を使わず、主に音と声で情報を入手・共有する時代が長く続きます。音や声による歴史は、古文書に直接記録されることがありません。古文書を読み解くという点でハンディがある僕は、前近代の盲人をはじめ、無文字の社会・文化に関心を持つようになりました。文字を使わない手法で、文字を使わない人々の歴史にアプローチするということです。当然、僕の調査では聴覚情報（音声）と触覚情報（実体験）が重要となります。

一方、岩崎さんはアイヌ民族の歴史研究の専門家です。文字を持たないアイヌの人々について、数少ない文字資料から彼らの社会・文化の実態を明らかにしようと研究を重ねていますね。

岩崎　私が専門とするのは江戸時代ですが、近代に入ってアイヌの人たちの社会は大きく変化させられており、母語としてのアイヌ語も一度失われているので、広瀬君のように、聞き取りから江戸時代のアイヌの人々の暮らしを再構成することはできません。

じゃあ、どうするのか。アイヌの人々が自ら書き残したものはないにしても、日本やロシアや中国の人たちが記録を残しています。もちろん、時代が時代ですから、偏見に満ちた内容ではあるわけですが、私は偏見の向こうに豊かな世界が広がっていることを信じていて、そういう誰も知らない世界を行間から探り当てたいと思い研究を続けています。

ただ、日本には江戸時代以来、アイヌの人々の歴史は虐げられた歴史として描かれる伝統があります。だから私が、いやいや江戸時代の蝦夷地（北海道のこと）での和人（本州以南から出向いた人々）の暮らしは、アイヌの人々の習慣やルールを尊重しないと成り立たなかったんですよ、というようなことを主張すると、それはおかしいという反応が返ってくるんですね。

さっき、広瀬君から畳の部屋にまつわる思い出を聞いて、何と言ったらいいかわからない気持ちになりました。私には歴史研究者への道のスタート地点として、甘酸っぱい思い出がいっぱいの場所でしたから。三〇年以上経って、ようやくその懸隔に気づいた。他者を知ることの難しさを思います。そしてそのことは、私がアイヌの歴史を書くことの困難にもつながっていると感じます。どうしたら他者である彼らの歴史に近づくことができるのか。切実に思いながら、アイヌでない人々の書き残した記録を読み込んでいくしかないと思っています。

広瀬　点字は一八二四年、パリの盲学校の生徒で、自身も全盲だったルイ・ブライユによって考案されました。近年ではルイ・ブライユが日本の小学校で国語教科書に取り上げられるようになり、子どもたちの間で、ちょっとした有名人になっています。近代化とともに点字は世界に広がり、各言語への翻案がなされます。明治維新後の日本にも導入され、一八九〇年には日本語の点字が誕生しました。

近代社会では、文字を使える人が多数派となります。それまで、文字を使わないことで個性を発揮していた視覚障害者たちは、徐々に文字を使えない人々として差別されるようになるのです。だから、一九世紀に世界の視覚障害者たちが「点字＝文字」を獲得した意義はきわめて大きい。多数派への仲間入りが可能になったわけです。点字は単なる文字というレベルにとどまらず、点字受験・点字投票などの例からもわかるように、視覚障害者の市民権拡充にもつながっています。僕自身が大学に進学し、博物館に就職できたのも、点字のおかげといえます。点字考案から二百年。視覚障害者たちはルイ・ブライユから計り知れない恩恵を受けてきました。

一方、点字の普及が視覚障害者にもたらした負の影響にも注目しなければなりません。点字は視覚障害者の「完全参加と平等」を実現する有力なツールですが、「健常者と同じことができる」という意識が強くなると、「健常者と同じことをしなければならない」という強迫観念を引き起こしかねません。多数派との違いを尊重する精神風土から、琵琶法師や瞽女の生業が生まれ、発展しました。近代化によって、「違い」を認め合う豊かさ、寛容さがなくなったのは確かでしょう。

少数派である障害者は、一般社会に仲間入りするために頑張らなければならない。いや、より正確には頑張らざるを得ないわけです。当然、頑張れなくて近代化から見捨てられる人、あるいは自ら離脱する人も出てきます。「オウム真理教事件」の麻原彰晃は、熊本県立盲学校出身の視覚障害者です。彼の劣等感、「健常者に追い付け追い越せ」という切迫感が、オウム事件の一因になったのは確かだと思います。麻原を弁護するつもりはありませんが、一面において、彼は近代化の犠牲者だったともいえるでしょう。

二〇二四年の「点字考案二百周年」には、世界各国でさまざまな記念行事が実施されるはずです。単なるお祭りではなく、点字が視覚障害者に与えたもの、その功罪をしっかり検証する機会にしたいと考えています。

誰もが楽しめる旅行とは?

岩崎 パソコンやスマホが急速に発達し、目の不自由な人が学ぶ環境は良くなっていると感じますが、広瀬君はどう見ていますか。

広瀬 パソコンのキーボードで入力、画面の情報を音声で確認する「点字ワープロ」が開発されたのは、ちょうど僕が大学に入学したころです。このソフトを使えば、僕たち点字使用者が通常の漢字仮名交じり文を書けるようになりました。今では視覚障害者のインターネット利用は当たり前となり、スマホユーザーも増えています。僕自身の仕事でも、Eメールの送受信に日々かなりの時間を使っています。僕がメールを送る人の九割以上は、点字を知らない健常者です。文字を使わなかった時代、点字しかなかった時代に比べると、隔世の感がありますね。現在の大学で学ぶ障害学生は恵まれているなというのが素直な感想です。

ただ、単純に情報処理の量を比べると、目が見える人（視覚）には太刀打ちできません。触覚や聴覚で情報を得る視覚障害者は、やはり量ではなく質にこだわるべきでしょう。目が見えないからこそ、健常者（多数派）が見落としていること、見忘れていることを「発見」できる。僕はそう信じています。

昨今の障害児教育、あるいは大学の障害学生支援などでは、「健常者と同じことができればいい」という風潮があります。それを全否定はしませんが、むしろ見えない、聞こえないなどの「違い」を強みとして活かすべきだと思います。

岩崎　目が不自由な人だけではなく、より速く、スマートにと、常に効率を求められているのが今の時代です。学生時代、京大では日本史の卒論は原則手書きで、ワープロの使用は認められていませんでした。先生たちは手を使って書くことによって、ほんとうに必要なことを見極め、推敲を重ねて無駄なものをそぎ落とし、最終的に論文のエッセンスが磨き上げられると考えていたのでしょう。

三〇年前と比べると、文字を書く機会は減っていますし、今はキーボードすら使えない子どももいます。人さし指一本で操作できるスマホはとても便利ですが、失っているものは計り知れないような気がします。

広瀬　効率と便利さの追求ということで、僕が想起するのは観光旅行です。今、観光庁は「誰もが気兼ねなく参加できる旅行＝ユニバーサルツーリズム」を普及させる取り組みに力を入れています。高齢者・障害者・外国人など、いわゆる社会的弱者が参加しやすいツアーを増やせば、トータルとしてユニバーサルが実現できるという発想です。旅行社にとって顧客が増えるのは悪いことではないし、結果的に重度障害者が旅行を楽しめるようになればすばらしい。でも、今の視覚依存の観光旅行は効率重視です。そこにどうやって、どれだけ高齢者や障害者が入っていけるのかという個別対応を積み重ねても、ユニバーサルにはならないような気がします。

たとえば、目の見えない人と一般のツアー客がいっしょに旅をするとします。現状のユニバーサルツーリズムの考え方では、点字の資料や音声ガイドを準備して、見て学ぶ、見て楽しむ要素を視覚障害者に伝えようとします。いわば少数派の多数派への同化です。その方が効率がいいわけです。

では、視覚障害者がいることをきっかけとして、見るのではなく、触れる要素を積極的に取り入れてみるのはどうでしょうか。手で文化財の感触を確かめたり、自然を全身で体感するツアーが考えられます。触覚は視覚よりも時間がかかるので、情報伝達の効率は劣ります。しかし、少数派の「見方」を多数派が取り入れるのも新鮮でしょう。そこから、新たな「ユニバーサル＝普遍的」観光旅行が生まれるはずです。常識的な発想、既存の価値観を変えていくためのキーワードが「ユニバーサル」だと僕は思います。

岩崎　国が進めている観光振興策は危ういというのが率直な印象です。高齢者や障害者への配慮が求められる理由は、お金を落としてくれる消費者だからです。インバウンド向けの多言語化と根元は同じです。広瀬君は博物館を舞台に、ユニバーサルという理念の下、価値観の変革に挑戦しているわけですが、国は地方創生という理念の下、お金を地域に落とすために、博物館を観光地に変えようとしている。水と油ですよね。

博物館は、生涯にわたっての学びを提供する場です。法律にもそう書いてあって、私はそう信じてきました。広瀬君は、博物館のあり方そのものを変えようとしている。人間の感性を視覚から解き放ち、本質をつかみ取る場として、博物館の存在意義を刷新しようとしている。これは広瀬君でなければできない挑戦で、健常者も巻き込んだ大きなうねりが起こっているのを見ると、広瀬君は「現代の琵琶法師」だと感じています。

広瀬　同級生の岩崎さんに「現代の琵琶法師」と言ってもらえて光栄です。これからもお互いにミュージアムを拠点として、歴史を書き換える、さらには歴史を創り出すような仕事をしていきたいですね。

4　スポーツの楽しみ――竹下義樹との対話

於京都新聞本社、二〇二一年七月

竹下義樹
一九五一年生まれ。中三で失明。龍谷大法学部卒。八一年に九回目の受験で司法試験合格。八四年から弁護士。中学では相撲部。スキー、ヒマラヤ登山も。二〇二一年から日本視覚障害者柔道連盟会長。

視覚障害者とスポーツ

――お二人は、これまでどんなスポーツに参加されてきましたか。

竹下　身体を動かすことが好きなので、盲学校の体育の授業にあった柔道から始まり、相撲も経験し、スキー、山登り、マラソンもやります。スキーも山登りも、飲み仲間に連れていってもらってから病みつきになり、モンブランの氷河滑降やヒマラヤ登山まで実現することができました。

私は幸運なことに、「たしかに竹下は目が見えないけど、できるかできないかはやってみなければわからないじゃないか」という仲間に恵まれました。自力で岩登りができるようになったのも、いきなり京都近郊の金比羅山の裏山に行き、手足の感覚を研ぎ澄ますように導いてくれたからです。一つのことを途中でやめられない意地っ張りな私の性格も多分にありますが。

広瀬　盲学校時代、陸上競技の個人種目で上位進出を果たしたことで、やればできると、自信を持つことができました。もっとも、盲学校の体育大会は参加人数が少ないので、出場選手三人、三位で銅メダル獲得なんてこともありました。最下位なのか、銅メダルなのか、同じ三位でも、とらえ方はいろいろですね。僕の場合、メダルが自信につながったのは確かだと思います。

もともと僕は時代劇、歴史小説が大好きで、日本刀や武道に興味がありました。大学入学直後に、友人に誘われて居合道部に入部します。居合は抜刀術を中心とする武道で、さまざまな型に従って刀を振ります。「合法的にチャンバラができる」喜びは大きかったですね。周囲のサポートも得ながら、居合を楽しみ、卒業時には二段を取得することができました。

居合の後は太極拳、テコンドー、ヨガなどにも挑戦し、自分に合った武道を探しました。最終的に二〇代の終わりに合気道に出合い、今も細々と続けています。年数だけは長くて、もう二〇年以上になりますね。

一方、ブラインドサッカーの日本への導入にも関わりました。二〇〇一年に仲間とともに韓国を訪問し、ブラインドサッカーの手ほどきを受けました。帰国後、同年の秋から日本での普及活動が始まります。二〇〇二年に日韓共催でワールドカップが開かれるので、それに合わせてブラインドサッカーの日韓戦を行うことを目標に強化練習に取り組みました。二〇〇二年五月にソウルでブラインドサッカーの日韓戦が開かれ、僕はキャプテンとして出場しました。肩書としては、「ブラインドサッカー日本代表チーム初代キャプテン」ですが、当時はプレーヤーの数も少なく、ブラインドサッカーのチームは一つだけ、「ナショナルチーム」しかありませんでした。客観的に僕のサッカーの実力もかなり怪しくて、声が大きいからキャプテンをやっていただけという感じですね。

――視覚障害者スポーツの特徴や楽しさについてお聞かせください。

竹下　見えないことを補う工夫が随所にあることに注目するといいですね。たとえば柔道は、相手と組み合った状態から試合が始まり、いかに相手の足音や体の軸の気配を感じ取るかが勝敗を決します。ブラインドサッカーも鈴入りボールを使用するなど音が重要な情報なので、一定の静寂状態が必要になります。

私はプロ野球・横浜ベイスターズのファンで、よく球場に行きます。最近は、抑えのエース山﨑康晃《やすあき》投手が一球ごとに気合を込めてほえている声が飛び込んできて、びっくりしました。以前の鳴り物だらけの球場では無理でしょう。投手の球種や球速によって捕手のミット音が大きく変化するところにも、私は感覚を集中します。だから負け試合でも退屈しません（笑）。相撲の立ち合いでの頭同士のぶつかり音は、経験者の私からしても迫力満点です。

広瀬　博物館・美術館での活動において、よく僕は「鑑賞と制作はつながっている」と主張します。スポーツでも同じで、実際にプレーすることと観戦することが密接に関わっていると思います。とくに視覚障害者の場合、「踊る阿呆に見る阿呆」ではないけれど、実際にやってみないとわからない。幸か不幸か、見る阿呆にはなりにくいわけです。盲学校の体育でも実体験することが重視され、とにかく視覚以外の感覚を総動員して身体を動かします。

視覚以外の感覚を総動員するという点は、じつはスポーツ観戦にも共通します。目の見えない人がスポーツ観戦を楽しむためのキーワードは、「イメージの広がり」でしょう。竹下さんがおっしゃるように、音・声・気配から球場の様子を思い描くのは楽しいものです。イメージを創り上げるに当たって、その競技を実際にプレーした経験があれば、想像（時に妄想）はさらに広がっていきます。

視覚障害者のパラリンピック競技では、ブラインドサッカーやゴールボールがよく知られていますね。両競技の選手は、相手チームの選手の足音、ボールの音からフィールド全体をイメージします。敵・味方の位置を自分なりに思い描き、「見えないゴール」を狙って動くのです。視覚的にはとらえることができないフィールドの状況を、視覚以外の感覚を駆使してイメージする。このイメージがどれだけ正確にできるのかによって、選手の実力が決まるといってもいいでしょう。

スポーツ観戦によってイメージする力を鍛えるというのも、一流選手になるための大切なトレーニングだと思います。もちろん、僕や竹下さんのようにあくまでも趣味としてスポーツ観戦を楽しむ視覚障害者もたくさんいます。僕はラグビーやテニスなどのプレー経験はまったくありませんが、けっこうテレビでの観戦を楽しんでいます。

もう一つ、スポーツにはコミュニケーションを豊かにする働きがあります。大学で居合道部に入った時、いちばん難しかったのは、まっすぐ進むこと、回転して前後左右に刀を振ることでした。どうしても方向が微妙にずれてしまうのです。先輩たちと話し合う中で、畳の目を足で感じながら動く稽古法を編み出しました。視覚に頼らなくても、足の感覚で方向を定めて刀を振る。座頭市に一歩近づいた手応え、いや足応えを得ました。

合気道の道場でも、相手の手と自分の手が触れ合った点を意識して動くと、気を感じることができます。視覚障害のある僕のために考えられた稽古法が、じつは健常者にとっても、気配を察知するためのユニバーサルな手段となる。これはおもしろい発見ですし、「無視覚流」という新しい武道の流派ができるのではないかと僕は期待しています。「無視覚流」が成立するかどうかはさておき、道場の仲間と知恵を出し合い、視覚を使わない新たな稽古法を創り上げる。このプロセスそのものがコミュニケーションなのですね。健常者が目をつぶって畳の目を足で探りながら動いてみる。福祉とはまったく違うアプローチで「目が見えないこと」を知るツールとなるのがスポーツの魅力だと思います。

スポーツ観戦の楽しみ

竹下　スポーツ観戦の醍醐味をぜひ体験してもらいたいですね。ブラジルのブラインドサッカー選手は、日本選手より格段に動きが素早いそうです。そういう発見も魅力の一つです。私も球場に通いだしてからは、臨場感を味わえないラジオがつまらなくなりました。どんな種目でもいいから、一度、視覚障害者スポーツの競技場に足を運んでもらえば病みつきになると思います。

広瀬　スポーツ観戦の話をもう少ししましょう。竹下さんと同じく、僕もプロ野球ファンで、年に数回は球場に足を運びます。「目の見えないあなたがなぜ球場に行くの?」「家でテレビやラジオを聴いている方が試合の様子がわかるのでは?」とよく言われます。でも、僕は球場のライブ感が大好きです。テレビやラジオは一方向からしか音が聞こえませんが、球場に行くと三六〇度、前後左右から音が迫ってきます。まさに、迫力満点です。テレビやラジオは、たしかに情報量は多いけど、全身に伝わってくる迫力はありません。

また、実際に球場に行くと、スタジアムによって音の響き方が違うのもおもしろいです。

スタジアムの広さ、構造の違いで、たとえば京セラドームはわりと音が金属質で、キンキン響きます。一方、東京ドームは音がやわらかく、天井に吸収される感じです。いちばん気持ちいいのは甲子園で、風を感じながらカレーを食べるのは最高です。初めてジェット風船の喧騒に包まれた時の興奮は忘れることができません。ついつい、いい気持ちになって、自分でも大きな声で選手を応援（時に罵倒）する。大きな声を出すというのも、球場での野球観戦の醍醐味でしょう。

コロナ禍で無観客試合、声援自粛というケースが増えて、スポーツ競技の会場が静かになっています。大きな声で選手を応援できないのは、個人的には残念ですが、逆にコロナ禍がスポーツの「音」に対する関心を高めるきっかけになればとも願います。スポーツ観戦の際は、視覚だけに頼らず、さまざまな音に耳を澄まして、イメージを広げる。こんな新しいスポーツ観戦法が定着すれば、視覚障害者と健常者がともに楽しむ世界が豊かになりますね。

秋の国立民族学博物館（民博）の特別展では、芦屋大に協力していただき、「音で感じるスポーツ」というコーナーを設置します。九種類の競技の「音」を聴いて、イメージを広げる展示です。もちろん、これは視覚障害者のためのコーナーではなく、スポーツの迫力を耳と身体で体感するユニバーサルな試みです。たとえば、バスケットボールのドリブルや、激しく動く選手のシューズ音も、男女でずいぶん違います。ボクシングのパンチ、卓球のラリーの音も単純ですが、なかなか味わい深いものです。「音で感じるスポーツ」は小さなコーナーですが、けっこう注目、いや注耳されるのではないかと期待しています。

スポーツから学ぶ工夫

――プレーヤーとしての経験をお聞かせください。

広瀬　ブラインドサッカーではサイドフェンスがあり、わざとフェンスにボールを当てて、敵をかわしたりします。スタジアムによって反響音が異なるので、まず事前練習でボールを転がし、サイドフェンスにぶつけて、音の響きを確認します。「最強＝最弱」のナショナルチーム立ち上げの時は、パラリンピックの柔道百キロ級のスポーツマンをスカウトしました。彼も全盲ですが、明らかに僕よりも動きがよくて、ボールに対する反応も速い。

考えてみてください、百キロの巨体が僕の後方から突っ込んでくるわけです。先ほど、音や気配でボールの動き、敵の位置を把握すると言いましたが、敵の前に、まず僕の場合は味方のミスター百キロがどこにいるのかを確認しなければなりません。文字どおり重戦車に蹴散らされたら、ひとたまりもない。下手をすれば、大けがにつながります。結果的に、僕は自分の後方に「見えない目」を向けるようになりました。この命がけのトレーニングによって、フィールド全体を俯瞰する能力が高くなったのは確かです。

各選手がフィールドを俯瞰できる能力、イメージする力を身につければ、チームとしてのフォーメーションも少しずつ固まっていきます。まあ、僕は二〇〇二年の日韓戦が終わり、若手選手の台頭によりレギュラーの地位が危なくなったころ、早々にサッカーを引退しましたが。

二〇年前によちよち歩きで始まった日本のブラインドサッカーが東京パラリンピックに出場するのは、ほんとうに嬉しいです。現在は全国各地にブラインドサッカーのチームができて、パラリンピックに出場するのは本物の「ナショナルチーム」です。各選手の実力は、僕がプレーしていたころとは比べ物になりません。パラリンピックでのメダル獲得も夢ではないと期待しています。これは、高校時代の僕の銅メダルとは価値がまったく違いますね。

竹下　水泳競技ではターンの際、パートナーにタイミングよく棒で頭をこつんとやってもらうのですが、両者の繊細な呼吸感が要求されます。私は何度も壁に頭をぶつけました。

視覚障害者によるグランドソフトボールは、捕手の合図の使い分けで投手がボールを転がします。そしてバウンドしながら転がってくる打球を、守備の選手が体の中心部でさばくさまは、もう天才としか言いようがない。いい選手ほど想像力を総動員して全体の流れを読み取る能力に優れているのは間違いないですね。

広瀬　高校生の時、萩本欽一さんのラジオ番組に出演して、初めてボウリングを体験しました。最初は健常者と同じように数歩歩いて、勢いよく球を転がしていました。やはり、かっこよくプレーしたいと思うわけです。でも、ガターの連続でした。先ほどお話しした居合と同じように、どうしても方向が微妙にずれるのですね。

　僕の様子を見ていた欽ちゃんから「かっこつけてたらダメだ！」と言われました。そして、助走せずに両足を踏ん張り、股下から両手でボールを転がす方法を伝授されました。この「股下投法」（?）により、ピンを倒せるようになった。欽ちゃんのアドバイスで、「自分に合った方法を見つけること」の大切さとおもしろさを学びました。人生において「正解」などはなく、自身で独自の方法を工夫していくことが重要です。それを僕に教えてくれたのがスポーツだと思います。

竹下　そこはなるほどとも思うし、少し違うかなとも感じます。私は何より指導者が重要な役割を担うと考えています。私自身、三〇代から始めたスキーが上達できたのは、重心の取り方を徹底的に教え込まれたからです。ボウリングも厳しい指摘のおかげで、すぐにスコアが伸びました。優れた指導者は、見えなくてもイメージをトレーニングするように巧みに導いてくれます。

盲目の剣豪は存在したか

――お話をうかがっていると、子母澤寛《しもざわかん》の小説の主人公・座頭市のように視覚に頼ることなく、健常者以上に身体感覚が発達したスポーツの達人が実在するかも、と思うようになりました。

広瀬　厚かましくも、僕は「座頭市流フィールドワーカー」を名乗っています。でも、実生活ではよく道に迷うし、物にぶつかって痛い思いもします。座頭市修行は、まだ道半ばという感じですね。座頭市のような「目が見えない剣術の達人」は、小説にはよく登場します。「現実ではあり得ないスーパーヒーロー」という点が読者を楽しませ、想像をかき立てるのでしょう。

でも、自分が居合道や合気道を稽古する中で、「座頭市（のような盲目の剣豪）は実在したのかもしれない」と思うようになりました。僕はよく「気配は気配りなり」と言います。合気道の道場で投げ技の稽古をする際、僕は「気配＝気配り」を意識します。相手を投げる方向の先に、誰か別の人が稽古していたり、壁があったりすると、たいへんです。障害物がない空間に向かって相手を投げなければなりません。僕は障害物の位置を視覚的に確かめることができないので、四方八方に気配りして、気配をうかがいます。最初は自分の周囲、それから道場全体へと気を配っていくわけです。周囲に気配りし、さまざまな人の気配を察知できるようになれば、「無視覚流」のコミュニケーションは一歩前進しますね。

僕はまだ触れ合った点を意識して動く合気道ですが、さらに技を極めていけば、触れ合わなくても相手の気配が伝わってくる。その先に座頭市の境地があるのではないかと思います。これからも「座頭市の実在性」を証明するようなフィールドワークを続けていきたいですね。

竹下　中里介山《なかざとかいざん》の『大菩薩峠《だいぼさつとうげ》』に登場する全盲の剣士、机竜之助の剣術もにわかには信じがたいですが、「殺気」はもともと見えないもので、感じ取るものですよね。広瀬さんの発言にもあったように、俯瞰能力を完璧に磨き上げることができれば、人間は殺気を知覚できる能力を会得できるかもしれません。もちろん、優秀な指導者によるトレーニングが前提です。

――東京オリンピックに絡め、障害者スポーツのあり方も議論されていますね。

広瀬　僕は、パラリンピックを「もう一つのオリンピック」ととらえる風潮に違和感を持っています。健常者対象の大きなオリンピックが開かれる後に、障害者を対象とする小規模なパラリンピックが行われる。オリンピックとパラリンピックは「オリパラ」という表現でセットで取り上げられるようになりましたが、実際にはオリンピックが主で、パラリンピックは従という印象があります。オリンピックが大祭で、パラリンピックは「後の祭り」というのは言い過ぎでしょうか。

これまでお話ししてきたように、視覚障害者がスポーツをプレーする、あるいは観戦するというのは、特別なことではありません。健常者は視覚に頼ってスポーツをプレーし、観戦しますが、視覚障害者は視覚を使わずに、他の感覚を駆使して、同じことをしているだけです。視覚障害者スポーツと一般のスポーツはつながっている。一般のスポーツに視覚障害者スポーツの要素を取り入れれば、もっとスポーツの可能性が広がる。これが僕の思いです。ほんとうの意味での「オリパラ」を具体化するために、「障害／健常」の枠を超えて、一体感を構築していかなければなりません。スポーツには「障害／健常」の区別を取っ払う力があるし、今回の東京大会が「オリ・パラ」から「オリパラ」へと成熟していくきっかけになればと願っています。

竹下　同感です。障害者スポーツと健常者スポーツは、限りなく境界線がないに等しい関係にあるととらえてほしいと思います。野球・サッカー・相撲・柔道など、すべて同様です。

たとえば視覚障害者であれば、「見えないこと」の理解をどこかで工夫してもらう必要があるでしょう。最近の言葉では「合理的配慮」かもしれませんが、誰もが表現することができる場としてのスポーツの良さは、健常者も共通と言えるのではないでしょうか。

一方で、スポーツである以上、鍛えるほど技術は向上していきます。そして、やがては自分の能力の限界を超える、壁を破ることをめざしていくのも、また共通であるといえるでしょう。

広瀬　「東京でオリンピック、パラリンピックが開催されてよかったね」と、みんなが感動を共有できる大会になるといいですね。僕はブラインドサッカーの後輩たちの活躍を静かに、熱く応援したいと思います。

5　古典芸能 ルーツと未来――味方玄との対話

於京都市上京区・味方玄《みかたしずか》氏の自宅兼稽古場、二〇二一年八月

味方玄
一九六六年生まれ。観世流能役者。実家の十念寺は、能を愛好した六代将軍・足利義教の建立。片山幽雪氏の内弟子となり、二〇二一年は独立三〇周年。室町時代の能「篁《たかむら》」を五百年を経て復曲披露。著書に『能へのいざない』(淡交社)。

能舞台で「気」を感じる

――広瀬さんに能舞台を体験いただきました。

広瀬　能舞台に上がらせてもらうのは初めてです。最初は思っていたよりも狭いかなと感じましたが、一歩ずつ動いてみると意外に広い。足袋を履いた足裏でも、板の木目を感じることができるので、方向はある程度わかります。でも、足裏で木目を探っているようではまだまだなのでしょうね。

味方さんは能舞台の端に近づくと、温度が変化するとおっしゃっています。おそらく、

空気の流れが変わるということなのでしょう。僕にはその変化がわかりませんでした。「言われてみたら、そうかなあ」というぼんやりした感じです。もっともっと身体感覚を研ぎ澄ませば、目が見えなくても舞台上を自由に動けるのかもしれませんね。

能は鎮魂の芸能ともいわれるように、怨霊をはじめ、霊の世界と密接に関わっています。目に見えない世界を大切にしてきた能楽師の味方さんとお話しする機会をいただき、たいへん嬉しいです。

いっしょに舞台上を動いてみて、味方さんの腰が決まっているというか、安定していることに驚きました。今日は役得で腰にさわらせてもらいましたが、動く際に腰のブレがまったくない。僕も趣味で武道に親しんできたので、丹田《たんでん》（下腹部）の大切さは理解しているつもりです。でも、味方さんの腰の動きは、僕なんかのへっぴり腰とはまったく違います。僕が力を込めて押しても引いても、びくともしない。

味方さんの丹田から、目に見えない気が発しており、その気が体内に満ちて、能の所作の原動力になっていることを実感しました。能楽師の所作の美しさ、力強さを触覚で確認できたのは貴重な体験ですね。

味方　カマエ（立ったまま腰に力を入れあごを引いた姿勢）とハコビ（床に足の裏をつけてかかとを上げない歩き方）を体験していただきました。私たちが能面をかけて演じる感覚を少し体感していただけたかなと思います。おっしゃるとおり、気は体内に充満するだけでなく、舞台の板を通して大地から引き合うようなイメージです。今日は腰の部分を押さえていただいて抵抗を作り、ハコビをいたしました。そろーりそろーりと板をなでるように歩くのではないことが理解していただけたかなと思います。

広瀬　盲目の旅芸人である琵琶法師や瞽女は、江戸期までは全国的に活動していましたが、現在はその芸能の継承者がほとんどいません。一方、能は室町時代に観阿弥、世阿弥親子が登場し、飛躍的な発展を遂げ、今日でも独自の様式を持った舞台芸術として上演が続けられています。中世に起源を持つ同じような芸能ですが、前者は近代化とともに衰退し、後者は世代を超えて受け継がれてきました。「その違いは何だろう」という問題意識が僕にはあります。

まずうかがいたいのは、世阿弥が記した『風姿花伝』に「花」という言葉が多く使われていますが、そもそも花とは何を指すのでしょうか。

味方　世阿弥は父親や先人たちから受け継いだ奥義を後世に伝えるために『風姿花伝』を書き残しました。花は芸の真髄を表す言葉で、「舞台上の魅力」ということです。

広瀬　琵琶法師や瞽女の芸能が衰退したのは、直接的には後継者不足が原因です。なぜ後継者がいなくなったのかと考えると、もしかすると伝統を死守することのみに注力し、本来の「花」を失ってしまったのかなとも感じます。『風姿花伝』には「花と面白きとめづらしきと、これ三つは同じ心なり」ともありますが、味方さんは古い演目を復活させるなど、新しい取り組みも積極的に行なっておられますね。

味方 古いものをそのまま現代によみがえらせても、今を生きる人の心には響かないでしょう。演じ手も今をしっかり生きて、時代や社会の空気を感じ取り、作品を通して問題提起やアピールをしていかなければなりません。世阿弥も、とっぴなことをするのではなく、いい意味で見ている人を裏切ることで、人の心に思いがけない感銘を起こさせる、それも「めづらしき花」だと言っています。

広瀬 琵琶法師の『平家物語』は音と声による語り物、聴覚芸能の代表です。一方、世阿弥のすごさ、新しさは、『平家物語』などの古典に視覚的な要素を取り入れ、舞を充実させたところにあるのではないでしょうか。

味方 世阿弥は、芸の基礎になるのは「二曲三体」であると記しています。二曲は基本技術である歌と舞、三体は老・軍・女の典型的な役柄のことを指します。もともと、世阿弥の座は鬼や老人などの姿形を似せる「ものまね芸」からスタートしていますが、同時代のライバルだった能役者・犬王の優美な舞を見て、世阿弥は自流の能にも取り入れます。また、観阿弥も鼓に合わせて歌い舞う「曲舞《くせまい》」のリズムを能の歌謡の中に織り込むなど、今につながる能の基礎を確立しました。

中世芸能における盲人

――能の物語には目の見えない人や身体の不自由な人が多く登場するようにも感じます。

味方　能の作品「景清《かげきよ》」では、平家方の武将だった景清が九州に流されます。零落して盲目のこじきになった景清の元に、一人娘が会いに来ます。娘との別れの名残に、源平合戦での武勇を景清自ら語ります。ここには、平家の人々の鎮魂を祈り『平家物語』を語る琵琶法師の姿が反映されています。また、「望月《もちづき》」には瞽女に扮して敵を安心させ、仇討ちの手助けをする女性も出てきます。

広瀬　能や狂言など、中世芸能に盲人が多く登場するのは、彼らの存在が民衆の生活にとってなじみ深いものだった証拠といえます。盲人芸能者は全国各地を旅しており、その姿はさまざまな場面で民衆の生活に密接に関わっていたのではないでしょうか。

　盲人芸能が衰退した原因を考えるキーワードとして、世阿弥の有名な言葉の一つ、「初心忘るべからず」を挙げることができると思います。世阿弥の残した伝書は、生き方の指針を示す人生の書としても読むことができますね。旅を続け、全国を歩くことによって琵琶法師や瞽女は「花」を獲得し、独創的な芸能を生み育ててきました。旅をする、歩くというのが彼らの「初心」だとすれば、近代以降、その初心を忘れてしまった側面があるのかもしれません。

味方　芸には意識を怠ってはいけないポイントが数多くありますが、その一つ一つが世阿弥の言う初心に当たります。それが当たり前になり、舞台上で漫然とやってしまうと、横柄で自分勝手な芸になってしまいます。初心が連続しているのが芸であるという戒めを守り、精進を重ねていくと、本物の花が咲いた後に、なお花が残るような境地に至ることができるでしょう。それが能楽師として生きていく上での私の目標です。

世阿弥は役者として舞台に立つだけではなく、有力者の支援を取り付け、彼らが気に入る台本も書いていましたので、芸術家というよりは総合プロデューサーのような存在でもあります。世阿弥は、『風姿花伝』とは一座を継続させていく求心力と考えていたので、後継者と認めた一人に限定して相伝するとしていました。しかし、実際にはまず弟の四郎に与え、実子の元雅が成長すると彼にも授け、さらに娘婿にも伝えています。三人に与えていた事実には本音と建前が見え隠れし、世阿弥の人間らしさを感じます。

盲人芸能者たちの役割

広瀬　一九九〇年代、大学院生だった僕は琵琶法師や瞽女のほか、盲目の霊媒師であるイタコの調査をしていました。文字を媒介としない語り物の伝承、死者の霊に代表されるような目に見えない世界との交流が、前近代の盲人芸能の特徴です。一九九〇年代は、こういった盲人芸能の最後の継承者たちが細々と活動していた時期です。二一世紀に入ると、

「最後の琵琶法師」「最後の瞽女」と称される盲人芸能の担い手が相次いで亡くなります。今日、視覚障害者の生業としての琵琶法師・瞽女・イタコは消滅しました。

瞽女は旅を続けながら、河原などで大きな声を出して唄の稽古をします。のどをつぶし、血が出ても声を出して、声帯を鍛えたそうです。瞽女の声は空気を振動させ、多くの聴衆を魅了しましたが、その発声法は西洋音楽とはまったく異なるものです。旅の中で、自然と触れ合い、天地万物につながる声を獲得する。声は、目に見えない世界に入るための武器であり、その声を鍛えるために、旅は必要不可欠だったのだと思います。琵琶法師や瞽女の実地調査を通じて、旅すること、歩くことが彼らの芸能に奥行きと豊かさを与えていたと実感しました。

味方　私は入門した時から声が細いと繰り返し指摘されていましたので、今もそれを戒めに強く声を出そうと意識しています。それぞれに最適な身体の使い方があるはずなので、謡い込んで、それを発見するのが重要だと考えています。ところで、瞽女や琵琶法師は市場など、人の集まる場所にとどまって芸を披露することもあったのでしょうか。

広瀬　現在のストリートパフォーマンスと同じで、人が集まる所で芸能を披露し、金銭を得る例は多かったはずです。旅を続けるためにはお金や食料が必要なのだから、それらを比較的容易に得る手段として、貴族や寺社などのパトロンを探す。どこに行けばお金や食べ物が得られるのか、芸能者間で情報がやり取りされていたでしょう。中世の市は芸能者のたまり場、情報交換の拠点ともなっていたわけです。

江戸時代以降は瞽女の組織が確立し、門付《かどづ》けが基本となります。まず、村内の各家の出入口付近、門の前に立って芸を披露し、瞽女が村にやってきたことを伝えます。村を巡って芸を披露した後、夜になると村民たちが集まる宴会に招かれます。瞽女唄は暗く悲しいという印象が独り歩きしていますが、実際には陽気で楽しい瞽女唄もたくさんありました。宴会を盛り上げるためには、多彩な唄のレパートリーを持っていることが大切です。

平均的な瞽女は、一年のうち、三百日くらい旅をしていました。どこを訪ねるのかという年間スケジュールはだいたい決まっています。たとえば、新潟など、寒い地域の瞽女は、冬には温暖なエリアを回るか、家で稽古に励んでいました。深い雪の中を盲目の瞽女がとぼとぼ歩くというイメージは、映画のシーンなどで誇張された部分があります。

瞽女が訪問するのは農村です。厳しい農作業が続く日常生活の中で、瞽女がやってくるのは特別な出来事、「ハレの日」なので、彼女たちは村民に歓迎されました。なぜ、目の見えない琵琶法師や瞽女が、危険を伴う旅にあえて出たのか。これは素朴な疑問ですし、僕の調査でも何度も同じ質問をしました。僕がインタビューした盲人芸能者の答えは単純明快です。「待っている人、歓迎してくれる人がいるから、多少苦労してもその村を訪ねるんだ」。この発言こそが盲人芸能者の「初心」であり、「花」を育てるバイタリティーの源泉だと思います。

味方　瞽女たちの役割は、古来、神楽を舞ったり、神託を得て他の者に伝えたりする巫女とも重なりますね。

広瀬　盲人芸能者は、古代の来訪神を意味する「まれびと」の系譜に位置付けることができます。定期的に村を訪れる瞽女は、別世界からやってくる、ありがたい人と認識されていました。僕が調査した九州の琵琶法師は盲僧と呼ばれており、宗教と芸能が一体となった独自の儀礼を執行していました。読経や祈禱の後、琵琶を弾きながら、さまざまな語り物を披露し、人々を楽しませます。カウンセラーでもあり、エンターティナーでもあるわけです。瞽女や琵琶法師は特別視される一方で、民衆の実生活にとって身近で不可欠な存在でもありました。この感覚は、近代的な差別とは明らかに異なります。

味方　イタコの取材では、何かが憑依《ひょうい》するようなことが目の前で起こったりするのですか。

広瀬　青森県の恐山で出会ったイタコは、本物の霊媒師だと感じました。初対面なのに、僕の個人情報を言い当てられ、ちょっと怖かったですね。そのイタコは、「自分が喋るのではなく、体内に入り込んだ霊の言葉が無意識のうちに口から出るだけ」と言っていました。一九九〇年代には、霊感の鋭いイタコがまだ複数おられました。

僕はよく「目の見えない者は、目に見えない物を知っている」と言います。盲目のイタコは、現実世界では目が見えないわけです。でも逆に、視覚に頼らない強みを活かし、肉眼では見えない霊界にアプローチすることができるともいえます。世界各地では、祭儀の際にシャーマン（呪術者）が目を閉じて集中力を高める事例が数多く報告されています。いわば、疑似盲目状態を作って、霊を招き寄せるのですね。古今東西、宗教儀礼などで用いられる仮面の視野が極端に狭いことが、以前から気になっていました。能面もそうですね。これは、視野を制限することによって五感が錬磨され、集中力が増すという理解でよろしいでしょうか。

味方　能面をつけて舞う方が集中力は格段に上がります。ただ、視界はごく小さなポイントしか見えません。能面を着けて実際の視線で周囲を見ようとすると、能面は不自然な角度になり、演技や姿勢は崩れてしまいます。そういった制約があることで何か特別な力が宿るような気がしますし、自分の意思で舞っているというよりは、身体が自然に動き、舞わされているような感覚にもなります。

広瀬　イタコの場合、首に掛けた長い数珠をまさぐりながら呪文を唱えることで、トランス（忘我）状態に入ります。触覚（手）と聴覚（声）が、目に見えない世界、霊界に入る扉を開くわけです。

味方　能の「葵上《あおいのうえ》」では巫女が登場し、梓弓を弾き鳴らしながら、神霊を呼び出すための歌を歌います。巫女の場合は梓弓がトランス状態になるための道具になっているようです。

広瀬　梓弓は触覚で奏で、聴覚を刺激する呪具ですね。「耳なし芳一」の怪談を想起するまでもなく、弦楽器である琵琶も、神霊を招き寄せる機能を有していました。

盲人芸能の今後

——味方さんは先日、室町時代の作品「篁」を五百年以上の時を経て復曲させましたが、今後どう芸や能の魅力を伝えていこうと考えていますか。

味方　室町時代に上演記録があり、台本も今に伝わっているのに、なぜ長期間、上演されることがなかったのかという問題意識から、「篁」の復曲に取り組むようになりました。ただ、室町時代と現代とは上演場所や環境のほか、衣装なども異なりますので、ほんとうの意味での復活とは言えないかもしれませんが、演目が持っている本質を現代にどう再現し、伝えていくかは心がけたつもりです。

——いったん絶えた琵琶法師や瞽女の今後をどうお考えですか。

広瀬　視覚障害者の職業が多様化した二一世紀において、琵琶法師や瞽女の後継者がいないのは「歴史の進歩」ととらえることができるかもしれません。琵琶法師の平曲や瞽女唄は伝統芸能として継承されるとは思いますが、その担い手として視覚障害の当事者が活躍するのは難しいでしょう。今は「障害者も、健常者と同じことができる」という価値観が主流で、そういった意識を持つ当事者が増えています。

僕は自分のことを「琵琶を持たない琵琶法師」と称しています。僕自身が琵琶法師の芸を受け継ぎ、「まれびと」となって各地を巡り歩くことはできません。しかし、琵琶法師の精神、目に見えない世界を大事にする文化を後世に伝えていくのが自らの役割なのかなと考えています。自分の研究、博物館での仕事にどうやって「花」を咲かせることができるのか、迷った時は琵琶法師や瞽女の原点に立ち返る。一九九〇年代の盲人芸能者との出会いが、僕にとっての「初心」ということになりますね。

味方　芸能を伝えていくには、まず自分たちがいきいきと新鮮に舞台で演じ、若い世代の人たちがやりたい、見たいと思う魅力的なものでなければと考えます。今や映像や音楽はスマートフォンなどで簡単に見聞きできます。あくまでも間口は広く、しかしその芸能の持つ空気感を、直に肌で感じてもらえる機会をできるだけ多くつくっていきたいと考えています。

6 見えないものを見るために――松岡正剛との対話

オンライン、二〇二一年九月

松岡正剛
一九四四年、京都市生まれ。「編集」をキーワードに執筆活動、書評サイト「千夜千冊」を運営する一方、図書館・美術館・博物館が融合した角川武蔵野ミュージアム（埼玉県所沢市）館長。近著に『外は、良寛。』（講談社文芸文庫）。

人類が失った感覚を復活させる

松岡　私は京都の悉皆屋《しっかいや》に生まれました。ほとんど耳の聞こえないおばさんに、仕立てものを届けたことがありました。おばさんは読唇術でコミュニケーションを取っており、口の形などで意思が伝わることに驚きました。生まれついて全盲の叔父もおり、よくいっしょに百貨店や風呂屋へ行きました。ある時、百貨店一階で叔父が「いい音が聞こえるね」と。「どんな音？」「風鈴かな」「そんな音、聞こえへんで」といったやり取りをしながら買い物を済ませ、五階に上がると、風鈴が並んでいました。

風呂屋で叔父は「小さい方の湯船に入りたい」と言ったこともあります。音の聞こえ方で、空間の広さや奥行きを把握したそうです。人の感覚機能を五感といいますが、聴覚は耳、視覚は目であるとは限らず、外界からの刺激を感覚器官や脳、身体で変換して感じ取っていたのでしょう。

広瀬　叔父さんはすごく勘のいい視覚障害者だと思います。健常者は外界からの情報の多くを視覚から得ているといわれますが、視覚障害者は聴覚や触覚を媒介として情報を得ているのです。

風鈴の音は耳を澄ませば松岡少年にも聞こえたと思いますが、きっと叔父さんをサポートしようと、きょろきょろして視覚に意識がいっていたので聞こえなかったのでしょう。邪念だらけの今の僕にも、風鈴の音は聞こえないかもしれませんね。

松岡　私たちの知覚は情報を「良い加減」につかまえるようになっています。ある種の恣意性を知覚が持つようになって、恣意性を突き詰めていくとバッタになったり、セミになったりと、生物の進化はその知覚の偏りを特化していく過程で起こっているともいえます。もともと、人は四本足で歩行していたのが直立二足歩行になり、草食から雑食になり、全身を覆っていた毛や牙を失いました。それによって劣化してしまった感覚もあるのでしょう。

一方で、靴の中に小さなごみが入っただけでも違和感を覚える鋭さもあります。ただ、足の裏の感覚情報すべてを受け取ると、歩くたびに刺激を感じすぎるので、適度に感じないようになっているのでしょう。

広瀬　自分の日常生活を振り返ってみると、視覚が使えないので、入ってくる情報はおのずと限定されます。しかし、入ってくる情報が少ない分、手にした情報は能動的に処理しようとしている気がします。風呂の反響音や遠くから聞こえる風鈴の音を手がかりとして、自分なりの「世界」を想像・創造していくのです。

「視覚障害者は記憶力がいい」とよく言われます。点字を紙に書く作業では手を動かして一点一点打っていきますし、物をさわる際も手を動かします。「世界」との関わり方が受動的ではなく、能動的にならざるを得ないわけです。情報を取得するために必然的に身体動作を伴うので、記憶としても残りやすいのだと僕は考えています。

松岡　人は二足歩行への進化とともに、しっぽを失い、感覚機能は目・鼻・口・耳と脳がある頭部に集中しました。しっぽによって風向きや接触を知覚する動物に比べ、私たちは首から下の身体や肌、手足の感覚がかなり摩滅したように感じます。進化の過程で失った感覚を取り戻すには、しっぽについて考察する「尾学《びがく》」を誰かが立ち上げる必要があるでしょう。

広瀬　「尾学」はおもしろいですね。同じような意味で、僕は「触角」という語を使っています。かつて、人間は昆虫のような触角を持っており、全身の触角を働かせて、「世界」

と関わっていた。視覚優位の近代という時代の到来により、人間は触角を失ってしまったのではないでしょうか。

　視覚に障害がある人は白い杖を持って歩いているので、三足歩行ともいえます。杖は歩行時の不自由さを補う道具ですが、発想を変えると、しっぽ・触角ともともとらえることができます。三本足で歩く障害者には、二本足で歩く多数派と四足歩行をしていた太古の祖先の間を往還し、人類が失ってしまった感覚を復活させる、そんな役割もあるのではないでしょうか。

「古くて新しい」アートを創る

松岡　私の父が滋賀県長浜市出身で地元に菩提寺もあり、最近、近江＝滋賀県に関心を寄せています。平安時代の琵琶の名手、蟬丸（生没年不詳）を祀る関蟬丸神社が大津市逢坂にあります。琵琶を用いた音楽や語りは、南北朝時代に活躍する琵琶奏者・明石覚一（？〜一三七一年）らへと引き継がれ、近世に発展する三味線音楽にも大きな影響を与えています。蟬丸や覚一らは全盲です。邦楽は拍子が等間隔ではなく、独特の間があります。能の囃子《はやし》も同じで、あのような小鼓や大鼓の打ち方は世界のどこにもありません。この独特の間合いは目の見えない人たちが関与することで生み出されたのではないかというのが私の仮説です。

広瀬　琵琶の伴奏で『平家物語』を語る平曲は、語りの合間に琵琶の音が入っています。琵琶の弦が揺れて空気を振るわせ、その振動が広がっていく。琵琶奏者は、振動が広がる時間や空間を身体で感じており、それが独特の間につながっているのでしょう。また、聴衆にとっても平曲の世界に入り、物語のイメージを広げていくためには、琵琶奏者の声と楽器の音を身体に取り込む時間的な余裕やゆとりが必要です。平曲を楽しんでいた中世・近世の日本人は、受動的ではなく、能動的に「世界」と関わっていたわけです。そんなかつての日本人からすると、冒頭の松岡さんの叔父さんのエピソードは、ごく当たり前のものなのかもしれませんね。

松岡　琵琶法師と同じように、明治生まれの作曲家で、箏曲家《そうきょくか》・宮城道雄（一八九四〜一九五六年）の作品にも、空間を意識した音の並びや響きを感じます。それは西洋音楽のオーケストレーションのように、メトロノームを基準にして五線譜上に数学的に割り振れるようなものではありません。現代作曲家の武満徹（一九三〇〜一九九六年）は余白や何もない空間の大切さに気づき、尺八や琵琶を取り入れた作品を残しています。

広瀬　二〇二一年九月から、国立民族学博物館（民博）で特別展「ユニバーサル・ミュージアム」を開催しています。さわって体感できるアート作品を集めた展覧会です。特別展の中に、盲学校の中学生たちが制作した陶芸作品を紹介するコーナーもあります。彼らは「見る／見られる」ことをまったく意識せず、自分のさわった感覚だけを頼りに作品制作に取り組んでいます。触角、あるいはしっぽをフル活用することから生まれる「古くて新しい」アートといえるでしょう。

そんなユニークな表現手法を障害者や盲学校生徒という枠に閉じ込めてしまうのは、なんとももったいない。特別展では「タッチアート」という新しいコンセプトを打ち出し、その代表例として盲学校生徒の作品を位置付けています。作品にさわることを通して、制作者と鑑賞者が文字どおり握手する。「障害」の有無に関係なく、自由な交流や対話ができればいいなと考えています。タッチアートは、いわば現代版の平曲です。タッチアートにさわれば、「日本人の忘れもの」を取り戻すこともできるのではないかと期待しています。

松岡　一つの刺激に対して、通常の感覚だけでなく、ほかの種類の感覚も得る「共感覚」という知覚現象があります。たとえば、あるものを味わうと形や色が見えたり、音が聞こえたりすることです。民博での展覧会で、さわった時に何を感じたか調査をしたり、共感覚の実験をしたりしてみるのもおもしろいのではないでしょうか。

「面影」の重要性

広瀬　今、僕は全盲ですが、小学生のころは右目だけ少し見えていました。地域の学校に通っており、図工の授業では同級生とともに絵を描いたり、工作をしていました。悪ガキだった僕は、絵の具でいたずらばかりしており、よく先生に叱られたものです。左目が見えないので、遠近感がうまくつかめない。僕の絵は、同級生の作品とは明らかに違っていました。今なら「俺はピカソだ！」と開き直って、自作を自慢すると思いますが、当時は周囲との「違い」に戸惑い、居心地の悪さを感じていました。図工の先生が「人それぞれに見方は違う」「さまざまな表現方法があってもいい」という指導をしてくれていたら、図工は苦手な科目にならなかったかもしれません。

中学から盲学校に進学し、美術の授業では触覚を中心に作品制作するようになります。当時の僕はまだ「かっこよく見せたい」という意識が強く、タッチアートの境地には至っていませんでしたが、「さわって創る」「創ってさわる」楽しさを再認識できたのはよかったと思います。「自分は不器用ではない」「周囲と違っていてもいいんだ」。盲学校の美術の授業を通じて、僕は自らの手で「世界」と関わる自信を得ることができました。

松岡　私は長年、編集について論考を重ねてきました。たとえば「ギトギト」というオノマトペが油っぽい状態を表すように、何かと何かをまたいだり、つないだりするエディティング・フィルターが情報には潜んでいて、単純な知覚を超えて複合的に人に作用していると私は考えています。そこで私が重要視しているのは面影です。父や母はすでに他界しましたが、今でも顔つきや姿は思い浮かびます。文学作品を読んで、映像的にイメージが膨らむのも面影です。日本では目に見えないものが、神様になったり、トトロのような森の主になったり、怪物になったりします。そういったものが失われてしまうと、きっと児童画もつまらなくなるし、アートもごくありふれたものになるでしょう。

広瀬　なるほど、そういう意味では盲学校教育は面影の宝庫ですね。僕は、全国各地のボランティアが音訳（朗読）した専門書・小説・雑誌などの音声データを携帯型プレーヤーにダウンロードし、仕事に必要な情報を集めたり、余暇を楽しんだりしています。プレーヤーには常に複数の書籍データが入っていて、TPOに応じてそれらを取捨選択、「編集」しているということでしょうか。

耳で聞く読書の場合、音訳者の声とともにセリフが自分の体内に入り込んできます。単に情報が受動的に入ってくるというのではなく、とくに小説ではストーリーに没入し、自分も登場人物の一人になっているような気持ちになります。聞き終わって（読み終わって）から数年経っても、主人公の面影が鮮明に残っていて、余韻を味わうことができます。ここは、前近代の日本人の平曲鑑賞に似ているのかもしれません。耳による読書は、慣れるまでは受動的になりがちだけど、経験を積めば能動的になっていくというのが僕の実感ですね。

松岡　万葉以来の文芸作品や琵琶や三味線で作り上げる音曲には、面影を重視する歴史や営みがあったのだと思います。枕詞で「たらちねの」と言えば母が浮かんだり、「ひさかたの」と言えば光が連想されたりしますが、そういった日本文化の面影を引き出す仕組みをうまく現代にも活用すれば、もっと豊かなイメージが得られたり、新しい世界が広がったりするはずです。そういう手法がもっと研究され、次世代に引き継がれていくことを私は願っています。

7 〔インタビュー〕目で見るものがすべてではない——視覚中心の社会をほぐすために

オンライン、二〇二一年八月

「触覚の美」とは何か

——ルッキズムを考える際には、その背景にある視覚中心主義の問題にも踏み込んで検討する必要があると思います。広瀬さんは、以前より視覚偏重の社会構造に対する批判的な意識とともに、とりわけ「触覚」の重要性を訴えられてきました。そして二〇二一年はご所属先である国立民族学博物館(民博)にて「さわる」ことをテーマにした大規模な特別展「ユニバーサル・ミュージアム——さわる!〝触〟の大博覧会」(九月二日〜一一月三〇日)も企画されています。そのあたりのお話も含め、視覚中心主義をいかに相対化していくべきかについて、いろいろとお考えをお聞かせいただければと思っています。

僕が失明したのは一三歳の時ですが、それ以前も強度の弱視だったので、人を「容姿」で判断したことがないし、そもそもそれがどういうことなのかもピンとこない部分があります。とはいえ、容姿で人を判断しないからといって、他人に対して差別や偏見をまったく持たないわけではないと思います。たとえば僕らの場合は容姿の代わりに「声」や「喋り方」というものが、目の見える人たち以上に大事になってくる。声の質やイントネーション、間の取り方などを通じて「この人はこういうタイプかな」「あの人は知的な感じがするな」というふうに、いろいろ想像するわけです。それによって「差別」をしている、とまでは言わないとしても、やはり時には好き嫌いが出てしまうこともあるでしょう。

それに、目が見えなければ容姿はまったく関係ないというわけでもないんです。たとえば僕の全盲の友人の中には「自分は絶対に『美人』と付き合いたいんだ」という人もいて、なぜかというと「あの人は目が見えないから、べつに相手の容姿は関係ないんだ」と思われるのがいやなんだそうです。僕自身はあまり共感はしませんが、その気持ちもなんとなく理解できないことはない。僕も他人の容姿は気にしない一方で、「自分がどう見られているか」についてはわりと気になります。目が見えなくてもそれなりにオシャレはしたいし、服装を褒められたらやはり嬉しい。自分で見えないなら、どう見られてもいいとか、周りに迷惑をかけない程度であれば少々汚い恰好をしてもかまわないとはなりません。世間のマジョリティは「見える人」であって、家族も職場の同僚もそうである中で、マイノリティとして周囲と良い関係を築くには、ある程度「見た目」を意識する必要があります。

——たしかに、目が見える人であっても、他人の容姿や自分の服装を百パーセント自分自身だけの感性に基づいて判断・選択しているとは限らないですね。誰か（あるいは自分）を「美しい」と評したり、反対に特定の容姿を侮蔑（あるいは自虐）の対象にしたりする時、その判断は周囲の人や社会全体による見方を内面化しているだけなのかもしれません。

一言で「美人」といっても、たとえば平安時代と現代では基準がまったく違うという話もありますが、これは「どういう容姿を美しく感じるか」について多くの人の判断が時代ごとに蓄積されることで、なんとなくその社会全体で共有される「美人」の概念ができあがっているということでしょう。ところが触覚で感じる「美」については、そうした経験の蓄積自体が未だ乏しいと思うんです。

陶芸の茶碗などで、見た目にいびつでも、手に持ってみたら意外とフィットするとか、優しい感じがするということはありますよね。そういうものも「美」と呼んでいいと僕は思いますし、さわって「なんだかいいな」と感じる時、そこには何か共通する部分があるはずなのですが、それがどういうものなのか未だ十分に言語化されていない。だから「さわって気持ちいい」とか「楽しい」ということはあっても、「さわって美しい」という表現はあまりされないですよね。触覚の「美」を考えるためには、まずもって、そうした経験を蓄積していく必要があります。今回の特別展でも、来館者がどういうものに関心を持ち、また目の見える人と見えない人とで関心の持ち方に違いはあるか、といったことを調べられるといいなと思っているところです。

――ではそうした「触覚の美」の経験を充実させていく一つの出発点として、特別展では具体的にどんな工夫をなさっているのでしょうか。

六つのセクションのうち、五つをかなり薄暗くしています。安全面の問題も考慮して通路は少し明るく、また解説パネルも読めるようにしてありますが、作品そのものには基本的に照明を当てていません。つまり、何かが置いてあるのはぼんやりわかる程度で、詳細は見えないという展示方法です。なぜそういうことをするのかというと、たとえば民博には「世界をさわる」という常設のコーナーがあり、手触りのおもしろそうなものを置いて、「さわってみよう」とか「質感を味わってみよう」といったキャプションを出しているのですが、子どもは大喜びでさわる一方、大人は意外とさわらない。博物館や美術館の展示というのは目で見るものだという常識が刷り込まれているのか、見ただけでわかった気になって、「もういいや」と通り過ぎてしまうんですね。そこで今回は、あえて視覚を制限することで触覚による鑑賞を積極的に促してみたいと考えたんです。この点については賛否両論あるでしょうが、僕自身の希望としては、「見る」鑑賞から離れることで、触覚の美というものの存在にぜひ気づいてもらいたいと思っています。

――博物館だけではなく、水族館や動物園もそうですが、多くの「さわる」ことを主眼に置いた体験コーナーは、そもそも子ども向けに演出されていることが多いですね。あたかも対象から距離を置くのが「大人」であるかのような常識が形成されているようにも感じます。

近代という時代においては、より多くの情報をより速く伝えることが志向され、それに適したメディアとして、とりわけ視覚が重視されます。その中で、いわば近代の申し子であるところの博物館もまた、主に「見せる」ための施設として発展してきた歴史があるわけです。たしかにチルドレンズ・ミュージアム（子どものための博物館）などでは「ハンズオン」、すなわち体験型の展示も早くから追究されてきたのですが、おっしゃるとおり、さわるのはあくまでも子どもであって、大人は見ればいいんだという考え方も根強くあります。子ども向けではなく一般向けに「さわる」鑑賞法を定着させていくのは難しいけれど、それこそまさに僕がこの十数年ずっと取り組んできた課題です。

もちろん、資料の「保存」という問題もあります。博物館の使命には保存と活用の両輪があるといわれ、一方では大切な資料や作品を後世に伝えていかなくてはならず、しかし同時にそれらを今生きている人たちの共有財産として活用することも必要です。それこそ保存だけを考えれば、温度・湿度をかっちり管理した倉庫に入れておくのがいちばん安全ですが、それでは博物館にならない。そこで、保存と活用を両立させる手っ取り早い方法として、ガラスケースに入れて見てもらうわけですね。ただし、民博の収蔵資料のように生活の中で使われていた道具の場合、見るだけではわからないことがたくさんあります。実際に手に取って動かして初めてリアリティが感じられるので、せっかくだからケースから出して直にさわってもらおうとするのですが、すると当然ながら資料が汚損・破損するリスクは格段に高くなる。少なくとも不特定多数の人がさわった結果として、その物の質感が多かれ少なかれ変化することは確実でしょう。これは保存科学的には明らかにマイナスです。しかし僕自身としては、多くの人が一生懸命、真剣にさわったことによって物の質感が変わったのであれば、ちょうど革製品を長年使うことで風合いが出てくるようなもので、必ずしもそれを汚損や破損・劣化と呼ぶ必要はないと思うんです。そこで今回、特別展の出展作家さんたちには、多くの人にさわられることが、むしろプラスに働くような作品を作ってほしいと呼びかけました。

——保存という概念自体が「見た目の同一性を保つ」ことを第一に、視覚中心で考えられてきたところがあるのかもしれませんね。質感の変化を受け入れることは、視覚ではとらえられない、その物のさまざまな要素に注意を向けるきっかけにもなりそうです。

博物館で活用されるレプリカも、従来は見るために作られるものが主でした。見た目そっくりであるというのが、レプリカのもっとも大事な機能だったので、視覚的には本物と見分けがつかなくても、手触りや重さは全然違うものも多かったんです。ところが最近は3Dプリンタがずいぶん活用されるようになってきて、質感や重さまで含めたリアリティを追求する動きも少しずつ出てきています。僕も一度、3Dプリンタで作った、ある重要文化財級の茶碗のレプリカをさわったことがありますが、普段からいろいろなものにさわって「さわるプロ」を名乗っているにもかかわらず、恥ずかしながらあれがアルミ製だとはまったく気づきませんでした。そのように、なかなか本物にはさわれないような資料でも、今は質感まで含めて忠実に再現できるようになりつつあります。

——特別展のタイトルにもなっている「ユニバーサル・ミュージアム」について、広瀬さんは「誰もが楽

しめる博物館」という定義を与えられていますが、3Dプリンタのような最新の技術が、そうした可能性を広げる一助になっているのは非常に興味深いです。

ただ、「ユニバーサル・ミュージアム」に関しては、もどかしさを感じる部分もまだまだ残っています。僕はこの概念を通じて、いつも視覚に頼っている人こそ、それ以外の感覚を使うことが大事なのだと言い続けてきたのですが、視覚障害の当事者である自分がさわる大切さを言うと、未だにどうしても「障害者対応」とか「バリアフリー」という文脈でばかり受け取られてしまうんですね。

今ちょうどパラリンピックが行われていますが（八月二八日時点）、パラリンピックを語る際によく使われる「障害の有無に関係なく……」という表現に、僕はずっと違和感がありました。というのも、そういう言い方をした時点で、すでに障害というものが前提にあることを無意識のうちに認めてしまっているからです。ですから、もう少し違った表現で、たとえばそれぞれの人の内部に眠っている、本人も忘れている潜在能力を取り戻すとか、そういうとらえ方をした方がいい。パラリンピックの卓球にはラケットを口に咥えてプレーするスタイルの選手が出場していましたが、それを単に「障害者なのにあんなことができてすごい」ととらえるのではなく、同じ競技をするにしても、いろいろなやり方があるのだと知ることに意義があると思うんです。また、僕は視覚を使わずに日常生活を送っている分、マジョリティの人々に比べて触覚や聴覚を多く用いていますが、しかしそれは必ずしも僕が触覚的・聴覚的にすごい能力を持っているということではありません。逆に、視覚にばかり頼って、聴覚や触覚の存在がおろそかになっている人が多いということではないでしょうか。マジョリティとは異質のさまざまな「生き方＝行き方」（Way of Life）があることを示すというのは「ユニバーサル・ミュージアム」の考え方にも通じています。

——多様な身体の使い方に接したり、あるいは自ら体験したりすることを通じて、普段は抑圧している身体の可能性に気づくことが重要であるということですね。

さわること一つを取っても、いろいろな仕方があります。多くの人は、どうしても手でさわることばかり思い浮かべがちですが、触覚が他の感覚と違う最大の特徴は、特定の器官に限らず全身に分布している点でしょう。椅子に座って背中やお尻で感じる心地よさも触覚ですし、顔だってそうです。たとえば僕はコロナ禍でマスクをするようになって、二〇年間歩き続けてきた通勤路で迷ってしまうことが何度かありました。その時に気づいたのは、自分は風の流れや太陽の熱、植物の匂いなど、普段からいろいろなものを顔で感じながら歩いていたんだということです。顔というのはその全体が「センサー」なのであって、それがマスクの布一枚で隔てられるだけで、感覚が狂ってしまうというのは貴重な発見でした。

風景というと目で見るものというのが常識になっていますが、このように肌で感じるものも多分にあるわけですよね。今回の展覧会でも、そのことへの気づきを促す意味で「風景にさわる」というセクションを作りました。そこで展示しているのは、たとえば「ユニバーサル・ミュージアム研究会」のメンバーが以前に滋賀県の信楽でまちあるきのワークショップをした時の記録などです。それは視覚ではなく触覚でとらえた「まち」の記憶を残そうというもので、印象に残ったものを写真に撮る代わりに、粘土を押し当てて型取りするんですね。神社の大木や階段、もう使われなくなった古い登り窯など、いろいろなものを型取りして、それを四〇人分ずらっと並べる。一つ一つは何てことのない粘土の欠片ですが、それらが集まると信楽全体の印象を触覚的に伝えることのできる一風変わった地図(触地図=触知図)ができあがります。こうした展示を通じて、風景とは、はたして視覚だけでとらえるものなのだろうか、という問いかけをしているわけです。

さわることの多様性

——ここまで、展示物や風景など「見る」ものだと思われがちな対象を他の感覚に開いていくためのさまざまな実践をうかがってきましたが、これらはいずれも広義の「物」にかかわるお話でした。では、人間同士のコミュニケーションにおける「見る」ことや「さわる」ことについてはどのようにお考えでしょうか。

僕は民博に勤める中で長らく「さわるマナー」ということを言い続けてきて、もちろん博物館だから「物」にさわる上でのマナーが第一ですが、これは人と接するマナーにも重なると思います。そもそも、人間の身体はむやみにさわっていいものではないですし、相手が「物」か「者」かによってコミュニケーションにおける「さわる」ことの位置付けが異なる部分はあるでしょう。それでも、いろいろな物にマナーをもってさわるという経験があるかどうかは重要な気がします。とくに、民博では世界中のいろいろな地域や国の人たちが実際に生活で使っていたものを展示しているので、それをさわらせてもらうにあたって「日本では使わない道具だけど、暑い地域ではこういうものを使うのか」とか「自分は会ったことがないけれど、これを大切に使っていた人がいたんだよな」といったことを意識して、その物を創ったり使ったり伝えたりしてきた人たちのことをちゃんとイメージできれば、乱暴に扱えるわけがありません。物と触れ合うマナーを徹底することで、その意識は人が相手の場合にもつながってくるはずです。今回の特別展でも「物」にさわることが、その背後にいる「者」との対話につながってほしいという思いがあります。

——たしかに「者」の身体は「物」に比べて容易にさわってはいけない一方で、その裏返しとして、一旦「さわっていい間柄」になると、それは「気を遣わなくていい間柄」とイコールに思われがちな気がします。同意なく相手に触れてはいけないというのはもちろん大前提ですが、そこからさらに進んで、人間同士のコミュニケーションにおいても「さわるマナー」を社会全体で育んでいくことが重要なのかもしれません。

よく「手引き」といって、視覚障害の人が歩く時に肘を持たせてもらうことがあります。僕は大相撲の「はず押し（親指以外の四本の指をそろえ、それと親指とをV字型にした形。これを相手の脇の下や腹などに入れて押すこと）」みたいな手の形、親指と人差し指の間の部分で引っかけるように相手の肘を持つのですが、その触れた点からいろいろな情報が伝わってくるんですね。たとえば馴れた相手だと、いちいち言葉で言われなくても、肘が上がれば階段を上がっていくんだとわかるし、そういう細かい動きを察知するセンサーを磨かないといけない。見える人が一方的に見えない人を誘導しているのではなく、そこには相互のコミュニケーションがあるのです。

僕は視覚障害のある人間としては、かなりあちこち出かけている方だと思いますが、知らない所ではよく迷いますし、必然的に周りの人にサポートしてもらって、いっしょに歩くことになりますから、これまでの人生でほんとうに何千人もの肘をさわってきました。そうすると、だんだん触れた肘から相手のことがわかるようになってくるんです。緊張している腕とリラックスしている腕ではさわった感じが違いますし、肘のこわばり方や動かし方で「ほんとうはあまりいっしょに歩きたくないのかな」「この人は馴れているし、オープンマインドな人だな」といったことが、なんとなく感じられてくる。

これは僕が長年いろんな人の肘をさわってきたから、そういうことを自然と意識するようになっただけで、べつに特殊な能力を持っているわけではありません。ちょっと注意すれば誰でも感じられるはずです。言葉を交わさなくても、触れた点から相手の気持ちがわかるとか、そういうことができると楽しいですし、視覚にばかり頼るコミュニケーションから脱する上で、触覚がもつ可能性を活かすことは重要でしょう。もちろん先ほども言ったように、相手が人間である以上、やみくもにさわることはできませんが、お互いに節度を持って触れるセンスを磨き合う機会がもっと増えてほしいですし、視聴覚教育にプラスして、触覚も教育にもっと取り入れられるといいなと思います。

——では、そのように「さわる」経験を積むことがフィードバック的に「見る」仕方にも変化をもたらすことはあるでしょうか。

僕はこれまでに絵画鑑賞のワークショップなどをしてきましたが、さわる体験をした後で絵画などを見ると、実際に見方が変わるんですよ。視覚の便利さは瞬時に全体像を把握できることにあり、その情報量の多さゆえに、近代において人々はとりわけ視覚に頼ってきたわけですが、触覚の場合、たとえば手で触れる時には、その手を動かしながら点から線へ、線から面へ、面から立体へと、情報を少しずつ積み上げていかなくてはいけません。暗い所で視覚を遮断してさわる体験をすることで、視覚においても、いわば「触れるように見る」というか、あえて細部から「積み立て式」で情報を集めるようにじっくり時間をかけて見る、という見方ができてくると思います。また、視覚的にパッと入ってくる情報をとらえるというのは受動的になりがちですが、触覚の場合は手や身体を動かすために必然的に能動的になるので、そういう体験を積むことで「能動的にものを見る」という見方も育っていくのではないでしょうか。

ちなみに今回の特別展でも、六つのセクションのうち最後のセクションだけは「見てわかること、さわってわかること」というタイトルで、あえて明るい展示にしました。そこではいろいろなアーティストが作ったさわる絵画、名画を触覚的に翻案した作品など、視覚的な要素が強い一方で、さわっても楽しめるようなものを主に展示しています。それらの鑑賞を通じて、単純な「見る＋さわる」の足し算ではなく、両者が掛け算になるような相乗効果が生まれてほしいですね。

――相乗効果ということは、そこからさらに「さわる」ことの方にも変化が起こりうるということですよね。

日本語の漢字表記でも「みる」というと「見る」「観る」「視る」など、いろいろな書き方をしますが、英語でもlookやwatchやseeなど、いくつか表現があって、それぞれ辞書を引くと微妙に意味が違います。それに比べると触覚というのはあまり厳密に区別されていません。せいぜいtouchとfeelくらいでしょう。視覚に比べて触覚がより本能的・動物的であるために分析しにくい部分もあるのかもしれませんが、見ることの多様な手段から触覚の方に応用したり引用したりできるものも当然あると思います。たとえば僕は一時期「look」「watch」「see」をそれぞれ触覚に置き換えて、「大きくさわる＝手のひら全体を使ってさわる」「小さくさわる＝指先で細部をさわる」「全身でさわる＝手だけではなく身体全体で体感する」という言い方をしていました。見てわかること、さわってわかることの両方を相乗効果でうまくミックスさせて使っていければいいなと思います。

単純に視覚を否定してしまうのではなく、目でとらえるものが何よりも優先されるという価値観を変えていきたいというのが僕の考えていることです。風景は目で見るものでもあるけれど、それだけではないのと同じように、人間の「見た目」や「容姿」についても、それがすべてのように思われてしまう所に問題があるのではないでしょうか。そうした偏りを変えていく、視覚中心の常識・固定観念をほぐしていくという点で、今回お声がけいただいたルッキズム特集と、ユニバーサル・ミュージアムの試みには、共通する問題意識があると感じます。

8 〔講演録〕健常者とは誰か――「耳なし芳一」を読み解く

於京都部落問題研究資料センター、二〇二〇年一〇月

二項対立の人間観を乗り越える

今回、この講座を担当するに当たって、過去の講座の講演録を送っていただきました。これまでの講座では、実証的な歴史研究の話題が多いですね。もともと僕も日本史を勉強していましたが、最近は史料批判に基づく綿密な歴史研究からは離れています。「ほんとうに講師を引き受けていいのかな」という躊躇がありました。

では、なぜここにずうずうしく立っているのか。じつは、コロナ禍がなければ、二〇二〇年九月～一二月に、職場である国立民族学博物館（民博）において、特別展が開かれるはずでした。僕の人生にとって、大きな山場となるイベントです。秋の特別展準備のため、年明けからかなり慌ただしい日々を送っていました。ちょっと失礼な言い方になりますが、特別展の広報につながるならば、講演やワークショップの依頼は積極的にお受けしようと考えていたわけです。僕の講演を聴いてくれた人が一人でも二人でも、特別展に足を運んでくだされればと願っていました。どんなテーマの講演でも、最後には（多少強引に？）特

別展に結び付ける。こんな下心を持って、この講座もありがたくお引き受けしました。

ところが、ご存知のように一連のコロナ禍で、状況は一変します。四月に緊急事態宣言が出て、特別展は延期されることになりました。だからといって、講座も延期してほしいというのは、あまりに身勝手ですね。すでに講座全体のスケジュールも決まっているので、あらためて何をお話ししようかと悩みました。そもそも、なぜ特別展を開こうとしているのか。今回の講座のレジュメ作りは、自分史を振り返る貴重な機会になったのは確かです。「今、自分自身がもっとも関心を持っていること、最新の情報をお伝えするのがいいだろう」と思い、レジュメを作成しました。本日は、このレジュメに即して講演を進めていきます。

本題に入る前に、僕が京都大学の国史学科に進学したころの思い出話を紹介しましょう。僕が京大文学部に入学したのは一九八七年です。当時は戦前からの流れで、学科名として「国史」が用いられていました。明確なポリシー、思想があったわけではなく、単に学科の名称を変えるのが手続き的に面倒だったというのが、「国史」が使われていた理由のようです。僕が大学院生だった時に「国史学」は「日本史学」に変更されました。

僕が国史学科を選んだ動機は、単純かつ幼稚です。子どものころから時代劇が大好きで、高校時代は司馬遼太郎の小説ばかり読んでいました。そんな興味の延長で歴史専攻を決めたので、専門課程での勉強、研究について、具体的なイメージ、希望はありません。入学直後、文字どおり右も左もわからない僕が、最初にお世話になったのが上田正昭先生です。

当時、上田先生は教養部で一・二回生を対象とする「国史学ゼミ」を担当しておられました。そのゼミのテーマが部落史だったのです。

大学入試では、日本史が僕の得意科目で、それなりにたくさんの本も読んでいました。でも、東京出身なので、被差別部落に関する知識、実体験はまったくありません。部落問題は過去のものだと思い込んでいました。上田先生のゼミでは、現在まで続く部落史を学ぶ意義を教えていただいた。「高校の教科書には載っていない歴史がある、もっと勉強しなくては」と、いい意味でのカルチャーショックを受けたのが僕と「国史学」との出合いでした。

上田先生の授業にも刺激されて、僕は「差別」についてあれこれ考えるようになります。やはり自分が全盲の視覚障害者なので、卒業論文、修士論文では盲人史を取り上げました。「障害」とは何かと問い続けることは、僕のライフワークともいえます。障害関係の歴史研究をしていたので、大学院進学後、自治体や公共施設主催の人権研修の講師を時々頼まれるようになりました。今でも、いくつかの大学で「障害と人権」という講義を非常勤で担当しています。

いうまでもなく、障害者の対語は健常者ですね。今日、この会場にいらっしゃる大半の方は健常者でしょう。健常者の定義とは何なのか。僕は、健常者とは「自分が健常だと思っている、信じている人」だと定義しています。僕は自他ともに認める全盲の障害者なので、世間のカテゴリーでは健常者とはいえません。

でも、僕は目が見えないだけで、残りの身体は健康です。もう五〇歳を過ぎたおっさんですが、食欲は二〇代のころと変わらないし、風邪もほとんどひきません。客観的にみて、同世代の健常者の同僚よりも、僕の方が「健康が常」だと感じることがよくあります。僕は「健康が常」なのに、健常者ではない。一方、僕の周りには「不健康が常」な同僚、持病を抱える健常者がたくさんいる。健常者の定義は、考えれば考えるほど難しくなります。ここで、どうでもいい話を一つ。僕の最近の自慢は、全盲者は老眼にならないことです。

明（見える）と暗（見えない）の区別がないというのは、気楽な面もあります。

障害がある人、ない人。差別をする人、される人。このように単純に人間を二つに分けることができるのでしょうか。二項対立は近代的な価値観・世界観です。できる人・できない人、文明人・未開人など……。「障害」を突破口とし、近代的な価値観・世界観を乗り越えることを模索してきたのが僕の研究・実践であると総括できます。

当初、この講座で僕は「耳なし芳一」の話をするつもりでした。講師依頼を受けた時、僕が熱心に取り組んでいたのが「二一世紀版・耳なし芳一」の絵本作りです。このプロジェクトは現在進行形で、二〇二一年中の刊行をめざし、イラストレーター、編集者との打ち合わせを重ねています。講座のタイトルを決めてから半年ほどの時間が流れました。

「耳なし芳一」については、すでに他の所で書いたり喋ったりしているので、今日は別のネタをメインにしたいと思います。

良きにつけ悪しきにつけ、僕の講演は雑談が多いのが特徴です。お配りしたレジュメには一～四の項目がありますが、すべてを説明するのは難しいかもしれません。レジュメの項目一を解説した後、「耳なし芳一」に言及します。「耳なし芳一」の余韻に浸りながら休憩を取っていただき、後半につなげていくつもりです。項目二・三は駆け足でさらっとお話しし、四の結論部に進みます。二〇二五年の大阪・関西万博については最近いろいろ考えているので、みなさんにも僕の思い、願いを聴いてもらえたら嬉しいです。

コロナ禍と博物館——「古い生活様式」を取り戻せ

ようやく、ここからレジュメに入ります。まず、コロナの話です。今、僕の前にアクリルの遮蔽板があります。もちろん、これは感染拡大予防のための対策の一つです。しかし、この遮蔽板は講演者と聴講者を隔てるバリアにもなっています。全盲の僕は、聴講してくださっているみなさんの表情は見えません。その代わりに、さまざまなセンサーを使って、聴講者の雰囲気を想像しています。紙をめくる音、椅子がきしむ音、咳払い、時にいびきなど。音だけではなく、においや空気の流れも重要です。聴覚・嗅覚・触覚情報を組み合わせて、会場全体をイメージします。遮蔽板があると、視覚以外の感覚が働きにくくなるのが辛いです。風通しのいい講演会にしたいので、遮蔽板を飛び越えて、後ほどみなさんから質問、コメントをたくさんいただければと思います。

四月の初めに特別展の延期が決まりました。この特別展は、民博着任後、約二〇年の僕の活動を集大成する大イベントです。二〇一八年から準備を開始し、出展作品や展示場のレイアウトもほぼ固まっていました。集大成といっても、もちろんこれで終わりということではありません。僕が提唱する「ユニバーサル・ミュージアム」（誰もが楽しめる博物館）という理念に賛同してくれる仲間が増え、各地で展示やワークショップの事例も積み重ねてきました。ユニバーサル・ミュージアム研究の成果を広く社会に発信しようという狙いで、特別展の実行委員会を組織したわけです。オリンピック、パラリンピックを意識して、二〇二〇年の秋に特別展を開く計画を進めてきました。

オリパラの東京開催については賛否両論があるかと思いますが、パラリンピックがきっかけとなり、障害者への関心が高まるのは大歓迎です。パラリンピックを社会変革の起爆剤にしたい、しなければならないと僕は考えています。少しひねくれた言い方になりますが、オリンピックは健常者の祭典です。その大祭典が終わった後に、パラリンピックという障害者の祭典が続く。近年、パラリンピックの注目度はアップしていますが、それでもオリンピックに比べると規模は小さい。僕の友人にパラリンピック関係者がいますが、彼に「パラリンピックって『後の祭り』だよね」と言ったら、怒られてしまいました。

「後の祭り」は言い過ぎかもしれませんが、スポーツの祭典に大・小の区別が厳然として存在するのは残念です。障害者と健常者を機械的に分ける二項対立の発想に依拠していては、「オリンピック＝本体」「パラリンピック＝おまけ」という図式を打ち破ることはできないでしょう。

パラリンピックとは、障害者（できない人）が、じつは「できる人」であることを証明する祭典です。「できない」を「できる」に変換する障害者たちの勇気と努力、彼らの「頑張る」姿が、健常者に感動をもたらす。「パラリンピックは、障害者を健常者化するための装置である」などと言ったら、また友人に叱られてしまうでしょうか。頑張る障害者たちが社会にインパクトを与える。これは第一段階としては意義あることです。僕もパラリンピック出場選手を心から応援しています。問題なのは、二項対立を前提とするパラリンピック的な障害理解で終わってしまっていいのかということです。

そこで、僕はパラリンピックへの期待と不満を表明するために、特別展の開幕日を九月初めとしました。特別展の会期はパラリンピックと少し重なっています。「ポスト・オリパラの文化戦略」をテーマとし、パラリンピック終了後、約三か月間、特別展を続ける計画でした。「パラリンピックを一過性のブームで終わらせるのではなく、日本社会が『障害』について深く考える始まりにしたい」。僕の熱い思いは、特別展が延期されて、来年に持ち越しとなりましたが、今は二〇二一年の秋に向けて気持ちを切り替えています。

レジュメでは「拒触症」という僕の造語を使ってみました。新型コロナウイルスの感染拡大に伴い、「濃厚接触」という言葉を耳にする機会が増えています。感染リスクを避けるために、人や物になるべくさわらないようにする。たしかに、消毒に心がけ、感染しない、させないように注意を払うのは大切です。とはいえ、社会全体が「さわらない・さわれない・さわらせない」現状は、あまりにも過敏、過剰なのではないかと感じます。「さわる文化」の研究者である僕は、あえて「拒触症」という強い言葉を使って、「新しい生活様式」に対し、異議申し立てをすることにしました。

「拒触症」に直面し、あらためて自分自身の日常生活を振り返ってみると、視覚障害者の暮らしは「濃厚接触」によって成り立っていることに気づきます。たとえば、点字を読み書きする。今日、みなさんにお配りしたレジュメの点字版にさわりながら、僕は講演しています。「もう開始から二〇分近く経っているのに、まだレジュメの一番の②の説明でうろうろしている」「早くも黄色信号。ちょっと急がないと、四番までたどり着かないぞ」。文字盤にさわることができる時計で、時間を確かめます。いい気になってベラベラ喋り出すと、身体も動くでしょう。時々自分の位置、方向がわからなくなるので、机や椅子をさわって身体の向きを修正したりもします。物の大きさや形を把握するセンサーとして、触覚は視覚障害者にとって、きわめて重要です。

また、今日は司会の渡辺さんが地下鉄の鞍馬口駅の改札で待ち合わせをしてくださり、いっしょに会場まで歩いてきました。視覚障害者が晴眼者と歩く際、肘を持たせてもらいます。肘に触れた手のひらから、さまざまな情報をキャッチするのです。僕は全国各地に出張します。コロナ禍で海外出張は自粛ですが、最近だと東京、福岡に行きました。知らない場所に出かける時は、駅員さんに誘導をお願いします。視覚障害者が外出すれば、周囲のサポート（手助け・手伝い）が不可欠です。人・物との濃厚接触がなければ、視覚障害者は生きていけないといっても過言ではありません。

それから、もう一つ、最近流行りのオンライン会議、リモートワークについてもコメントします。僕の職場でも、まだ対面の会議は認められていないので、ほとんどの打ち合わせはオンラインです。今日も午前中に、横浜美術館の方とオンラインでワークショップの打ち合わせをしていました。自宅から気楽に参加できる、遠方の人とも簡単に話ができるという点で、オンライン会議は便利です。物理的な移動がなく、シンポジウムや研究会に出席できるのは、視覚障害者にとって大きなメリットともいえるでしょう。

一方、オンラインでのコミュニケーションには違和感、もどかしさがあります。とくに僕はパソコンやタブレットの画面が見えないので、相手をイメージするのが難しい。違う人の声が同じスピーカーから聞こえてくるので、距離感も摑めません。便利なパソコン、タブレットが一面において遮蔽板になっているのですね。オンライン会議には慣れないし、慣れたくもない。視覚以外の感覚を総動員して他者の気配を察知し、対話を試みる。そんな視覚障害者の立場からすると、早く遮蔽板が取り除かれることを願うばかりです。逆説的な言い方になりますが、オンライン会議が普及して、対面でのコミュニケーションのありがたさを再認識できたのはよかったのではないでしょうか。

四月に特別展が一年延期されることになり、仕方ないとはいえ、ショックを受けました。そして、無気力感を抱えたまま、在宅勤務に突入です。三月末まで特別展準備に奔走していたので、在宅勤務になっても、何をすればいいのかがわからない。数日間、自宅のパソコンの前でぼんやり過ごしました。軽い鬱状態です。さすがに、これではまずいと思い、自分の素直な心境を文章化していくことにしました。論文を書く、本をまとめるなど、明確な目標は定めず、とにかく自分がこれまでに取り組んできたこと、特別展で社会に訴えたいことなどをもう一度きちんと整理してみよう。最初は点字で原稿を書き、それをパソコンに入力していきました。まさに、手作業、手仕事です。

五月の連休明けには、書き溜めてきた原稿がそれなりの分量になりました。じっくり時間をかけて、集中して書き上げたので、内容的にも納得できるものです。これなら本になるぞ、ぜひとも本にしたいということで、小さ子社の原宏一さんに相談を持ちかけました。原さんには特別展の図録の編集をお願いしているので、まずは原さんに拙稿を読んでいただくことにしたのです。原さんからは、本にする前にウェブ連載という形で発表してみないかという提案をいただきました。拙稿の主題は「拒触症」に対する異議申し立て、「濃厚接触」の本義を忘れるべきではないというメッセージです。「非接触社会から触発は生まれない」という僕の主張をより多くの人に知ってもらうために、インターネットを活用することにしました。

当初は「ウェブもいいけれど、早く本にしようよ」という思いもありましたが、結果的にこの連載は大成功だったと感じています。コロナ禍の状況は刻々と変化する。そんな中、僕をはじめ、社会全体が一喜一憂、右往左往します。ウェブは各人各様の「今」を共有する手段として有効です。在宅勤務が続き、時間に余裕がある人も多く、予想以上にたくさんの方が僕の連載を読んでくれました。クリックすれば、いつでも、どこでも気軽に、しかも無料でコラムが読める。ウェブの威力と可能性を再認識しています。

僕が本を書いても、そんなに売れません(これは本人が言うので間違いないことです)。「今度は売れるぞ!」と期待しつつ本を書くわけですが、この期待は何度裏切られてきたことでしょうか。ところが、僕の本を手に取ったことがない人、僕の名前を知らない人がウェブ連載を読んでくださる。「濃厚接触」という言葉の検索から、僕のウェブ連載を見つけた人も多かったようです。本にこだわっていた自分の浅はかさを反省するとともに、原さんの先見の明に感服しています。

今は笑い話にしていますが、特別展の延期が正式決定した時は辛かったです。延期をめぐって、館内でごたごた揉めて、精神的に消耗しました。「なにくそ!」と気合を入れて、点字を一点ずつ、一文字ずつ紙に打ち出す。点字は凸点が盛り上がっているので、下書き原稿を重ねていくと、すぐに分厚くなります。毎日、少しずつ厚くなる点字原稿の束にさわり、手応えと達成感を味わっていました。手を動かして原稿を書き、その成果を手触りで確認する。紙との濃厚接触を通じて、僕はコロナショックから立ち直ることができたのです。

コロナ禍は、「さわる展示」の普及にとって明らかに逆風となっています。客観的に今、この状況で「展示物に自由にさわってください」という特別展を開くのは無理でしょう。二〇二一年の秋にコロナ禍が終息していることを願っていますが、少なくとも消毒液の設置など、安全に特別展を楽しんでいただくために、新たな取り組みが必要です。でも、コロナ禍で「さわる展示」が中止・制限されたのは、マイナスばかりではありません。原さんの協力のおかげで、僕の考えを広く社会に発信するウェブ連載ができたし、新著も刊行しました。何といっても、特別展準備で突っ走っていた僕に、一度立ち止まって、自分の活動の目標、「さわる展示」の未来像を確認する時間が与えられたのは、コロナのプラス面だと思います。

レジュメでは、「あらためてミュージアムにおける『さわるマナー』の意義を考える」と書きました。これは、オンライン会議になって、逆に対面のよさ、大切さを実感するのと同じです。さわれない・さわらせない環境だからこそ、なぜさわらなければならないのかと熟考する。そもそも、人類にとって、さわるとはどういった意味を持っているのでしょうか。僕の場合、「さわる展示」の実践的研究に取り組むきっかけは、視覚障害者対応です。「目の見えない人に、もっと博物館へ来てもらいたい」「視覚障害者が触学・触楽できる展示を増やそう」。この思いは、博物館で働く僕のモットーですし、レーゾンデートルともいえます。

しかし、障害者サービスという発想では、二項対立の枠組みを乗り越えることができません。点字パンフレットの作成・配布、展示場を案内するボランティアの養成などは、もちろん重要です。でも、それらはバリアフリー施策であり、健常者（マジョリティ）との直接的な関係は薄い。視覚障害者の来館が増えることで、博物館がどのように変わるのか。「さわる展示」は、目が見える人に何をもたらすのか。これらの問いに明確に答えられなければ、ユニバーサル・ミュージアムは実現できません。

「視覚優位・視覚偏重の近代的な博物館のあり方を根本から問い直す」。これがユニバーサル・ミュージアムの要諦だと僕は確信しています。目が見える人も、いや目が見える人こそが理解・感動する「さわる展示」。そんな特別展の具体化に向かい、ウェブ連載、新著の刊行を通して、自分の年来の主張に理論武装できたかなと感じています。やはりピンチはチャンスなりですね。

目に見えないものへの恐怖――「耳なし芳一」の今日的意義

ここでレジュメから少し離れて今日の本題、いつの間にか脇役にされた「耳なし芳一」

についてお話ししましょう。自分の主張を理論武装するための一つの根拠となったのが

「耳なし芳一」です。ご存知のように、「耳なし芳一」は小泉八雲（ラフカディオ・ハーン）の『怪談』に収録されています。「耳なし芳一」の原話は江戸時代から各地で民話として語られており、それをハーンが聞き取り、再構成しました。目の見えない芳一は平家の怨霊に取り憑かれて、最後には耳を切り取られてしまう。なんとも痛々しい、悲劇的なストーリーだと思っておられる方が多いでしょう。

ところが、じつはこの話には続きがあります。耳を切り取られた芳一は、そのおかげで有名になる。お金持ちになることが幸福なのかどうかはさておき、「耳なし芳一」はハッピーエンドなのです。耳を失うことによって、芳一は琵琶法師としての腕を磨きます。彼が芸能者として成功したという点がポイントです。残念ながら、耳を切り取られるシーンがあまりに激烈でインパクトが強いので、そこで記憶が途切れてしまう。「芳一＝かわいそうな障害者」と思い込んでいる人が大半なのではないでしょうか。今一度、「耳なし芳一」を読み直し、ハーンが何を伝えたかったのかを考えてみるべきだと思います。

「耳なし芳一」を再読すれば、人類がコロナ禍を克服するヒントが得られるはずです。先ほど「拒触症」という言葉を使いましたが、なぜ僕たちはコロナウイルスを過度に恐れるのでしょうか。もちろん感染は怖いし、リスクは避けなければなりません。でも、「三密」「濃厚接触」を極度に嫌う昨今の風潮は、時に異常、滑稽ではないかと感じてしまいます。

「ソーシャルディスタンス」が人間本来の社交を阻害していると嘆くのは僕だけではないでしょう。

どうして人類はここまでコロナウイルスを恐れるのか。その理由として、僕は「コロナウイルスが目に見えない存在だから」と考えています。人類の進歩を象徴する概念が「可視化」です。とくに近代以降、目に見えないものを見えるようにすることが進歩なのだと信じて、人間は「文明」を追求してきました。

わかりやすい例を挙げると、明治維新以降、日本では西洋医学が積極的に導入されます。本来は見えないはずの人間の体内の様子を可視化したのがレントゲン、CTスキャンなどの新技術です。江戸時代まで、人間の身体の内部は、目で見ることができないのが当たり前でした。それを触覚によって察知していたのが按摩・鍼灸の技法です。按摩・鍼灸は視覚障害者の手によって伝承されてきました。目の見えない者は、目に見えない物を知っている。こういった信仰は、イタコ（盲巫女）や琵琶法師の芸能・宗教にも共通しています。「近代化＝可視化」の流れの中で、目に見えないものを触覚によって感知する能力は軽視されるようになりました。按摩・鍼灸の社会的位置付け、信頼度も低下します。目に見えるもののみが正しい、可視化できないものは迷信である。こんな傲慢な思想が近代社会を支配していくのです。

長い人類の歴史において、視覚に過度に依存するようになるのは近代以降、たかだか二百年ほどではないでしょうか。二一世紀の今日、僕たちの情報入手・伝達手段は明らかに視覚に偏っています。多種多様な情報を「より速く、より多く」送受信するために、テレビ、パソコン、スマホが開発されました。見ること、見せることを大前提とする博物館・美術館も近代化の産物といえるでしょう。

一九七〇年に大阪で万国博覧会が開かれます。これは高度経済成長のクライマックスともなる国家的な大イベントです。会期は半年で、六四〇〇万人以上の来場者を集めました。六四〇〇万というのは、今ではちょっと考えられない人数です。一九七〇年当時、インターネットはありませんでした。海外旅行を気軽に楽しむ環境もまだ整っていません。外国の珍しい文物を直接見る機会は少ないけれど、大阪の万博会場に行けば、それらを自分の目で確かめることができる。珍しいものを見たい、見よう、見るべきだ。全国津々浦々から万博を「見る」人々が大阪に押し寄せました。二〇世紀の万博とは、「世界を見せる」大祭典だったと総括できます。

近代化は、不可視の領域のとらえ方、目に見えないものとの付き合い方を変えました。江戸時代以前、死者の霊は日本人の生活全般に密接に関わっており、ごく身近な存在だったといえます。死者の霊は誰も見ることができないけれど、確実に自分たちの傍にいる。僕たちのご先祖様、前近代の日本人は目に見えない霊を身体で感じることができたのです。「世界を見る」ための可視化ツールが汎用化した現在、便利さと引き換えに、僕たちが失ってしまった能力・感覚があることも忘れてはならないでしょう。

芳一は、目に見えない怨霊と自由に交流していました。和尚さんたちは「あちらの世界に行ってはいけない」「命が取られてしまう」と忠告し、芳一をこちら側に引き留めようとします。怨霊から身を守るために、芳一の全身に書かれたのが般若心経の経文です。余談ではありますが、体中に経文を書き込む。「顔や首にも経文を書き込んだのに、どうして耳だけ忘れるの、あなたたち、ほんとうに目が見えてるの?」と、突っ込みを入れたくなりますね。それはさておき、ここで文字が使われるのはきわめて示唆的です。芳一のような盲人は、文字を使わない生活をしています。彼らは主に音と声で情報入手・伝達するのが得意です。琵琶法師・瞽女・イタコたちの生業は、師匠から弟子へ、口から耳へ、文字を媒介とせずに受け継がれてきました。

一方、目の見える和尚さんたちは視覚優位の暮らしを送っています。情報の入手・伝達においては、目で見て確認できる文字が重視されるわけです。だから、目に見えない怨霊・亡魂の世界、視覚ではとらえられない音と声の領域へ芳一が連れ去られてしまうことに恐れを抱く。ひねくれた言い方になりますが、和尚さんたちに引き留められることなく、文字(視覚)に邪魔されることなく、あちら側に行ってしまった方が芳一は幸せだったかもしれません。

本日の講演のキーワードは、二項対立です。目に見えるものと見えないもの、文字を使う文化と使わない文化。それは近代的な価値観と前近代的な価値観の対立・葛藤と言い換えることもできます。あちら（前近代）とこちら（近代）が芳一を真ん中にして綱引きする。この綱引きの結果、音と声をキャッチする回路、耳があちら側に奪われてしまうのです。「耳なし芳一」の主題は、視覚優位の近代文明に対する警告だと僕は考えています。

先ほど、人類がコロナを過度に恐れるのは、ウイルスが目に見えないからだと述べました。きっと芳一は、人間の周りに、目に見えないものがうごめいているのは当然ではないかと笑うでしょう。もちろん、感染防止対策はしなくてもいい、コロナウイルスなんて怖くないなどと、トランプ大統領（当時）のようなことを言うつもりはありません。でも、僕たちは今こそ「耳なし芳一」を読み直し、目に見えないウイルスに向き合う心構え、物言わぬ病原体との対話法を身につけるべきでしょう。目に見えないものをごく自然に受け入れていた江戸時代以前の世界観を再評価・再認識するための教材として、「耳なし芳一」を推薦したいと思います。

レジュメとは別に、「琵琶なし芳一」という詩をお配りしました。恥ずかしながら、僕が書いたものです。高校生のころ、僕は「詩のクラブ」に所属していました。今でも時々詩を書きますが、どうも理屈っぽくなってしまう。「琵琶なし芳一」もへたくそな詩ですが、芳一に関する私論・試論・史論ということで、お読みいただければと思います。「琵琶なし芳一」は、目に見える／見えない世界、文字を使う／使わない文化をつなぐ懸け橋、二項対立の超克をめざす宣言です。芳一は僕の中にも、あなたの中にもいる。いわば芳一のユニバーサル化ですね。ぜひ以下の詩をお読みください。

琵琶なし芳一——人間はなぜ触角を失ってしまったのか

耳を引きちぎられた芳一は、その後どうなったのか
芳一は痛かった、自分が耳にこだわり過ぎていたことを思い知らされて
芳一は目に見えない世界からのメッセージを聴き取ろうとして、懸命に耳を澄ました
人々の声、風の音、そして万物が呼吸する気配
芳一は耳を鍛えることで、芸能者としての腕を磨いた

その大事な耳が切り取られてしまった

目が見えない芳一は、耳の力で生きる糧、自信を得た
耳を失った芳一は、音声とは耳で聴くものではないことを悟る

和尚が芳一の身体に書いた経文は、すぐに消えてしまう
般若心経の文字、言葉を消し去るように
全身の毛穴から何千本もの手、触角が飛び出す

人間よ、触角を取り戻せ

耳を失った芳一は、全身で事物の本質を掴み取る極意を身につける
目で見る、耳で聴くという束縛から離れ、芳一は自由に歩き出す

できる人とできない人、勝者と敗者
文明と未開、健常と障害
目で見て、耳で聴いているだけでは、人間は二項対立の価値観を乗り越えられない

芳一は語る、目がなくても景色はあると
芳一は唄う、耳がなくても音楽はあると
最後に芳一はあの世とこの世、視覚と聴覚、物と者をつなぐ道具、琵琶を捨てる

触角を持つ芳一には、もはや琵琶は必要ないから

今、琵琶なし芳一が時空を超えて、僕たちの毛穴をくすぐる
生きることの豊かな感触を伝えるために

点字の歴史に触れる――日本の近代化と視覚障害者

ここからは視覚障害者の歴史について、いくつか話題を紹介します。二〇二〇年開催予定だった特別展が、二〇二一年へと延期されました。オリパラも二〇二一年実施となったので、特別展のコンセプトは基本的に変更せず、「ポスト・オリパラの文化戦略」を探究するつもりです。特別展が二〇二一年となり、僕は二〇二五年の大阪・関西万博を意識し始めています。二〇二〇年の秋に向けて特別展準備をしている時は、「二〇二五年なんて、ずいぶん先だ」と思っていましたが、やはり五年後なのか四年後なのかの差は大きいですね。特別展から大阪・関西万博に至る四年に注目してみると、視覚障害関係で大きな記念行事が続くことに気づきます。コロナのおかげで、特別展後の壮大な（無謀な？）プランを思い描く時間的・精神的余裕ができたということでしょう。

まず、二〇二二年に点字の週刊新聞『点字毎日』が創刊百年を迎えます。同じく二〇二二年に創業百年を迎えるのが、視覚障害者の総合福祉施設、日本ライトハウスです。しか

も『点字毎日』とライトハウスは、ともに大阪を拠点としています。一九二二年前後には、大正デモクラシーの風潮が各方面で盛り上がっていました。水平社宣言が出されるのもこの時期です。労働運動、農民運動、婦人解放運動なども前進します。大正デモクラシーの結実として、普通選挙も認められる。こういった一連の流れの中で、『点字毎日』や日本ライトハウスの成立・発展を考えなければならないでしょう。

『点字毎日』、日本ライトハウスの百年を振り返ってみると、日本における視覚障害者の近代史を俯瞰することができます。『点字毎日』は、視覚障害関係のニュースに特化した週刊新聞です。毎週末に購読者（点字使用者）に郵送で届けられます。よく誤解されるのですが、『点字毎日』は、『毎日新聞』を抜粋・再編集したものではありません。視覚障害者に寄り添うメディア、視覚障害者の生活に役立つ情報を収集・発信する点字新聞として歩んできました。

点字新聞が百年近く発行され続けているのは、世界にも類例がありません。二〇二〇年七月、通巻五千号となる『点字毎日』が僕の手元に届きました。僕が『点字毎日』の読者となったのは大学入学直後、一九八七年です。三〇年余というのは『点字毎日』の購読歴としては長くないですが、二〇二二年を目前に、百年、五千号の重みを感じています。読者数が限定される点字新聞は、どんなに頑張っても儲かるわけがない。儲からない事業を百年間、地道に続けている毎日新聞社に感謝するとともに、敬意を表します。

『点字毎日』は単なる新聞というレベルにとどまらず、視覚障害者の自立と社会参加を支えてきました。視覚障害者のQOLの向上という面で、たとえば盲学校用の点字教科書の発行、普通選挙における点字投票の実現など、『点字毎日』は重要な役割を果たします。意外に思われるかもしれませんが、国政選挙で点字投票を正式に認めたのは日本が世界初です。一九二五年に衆議院議員選挙法改正が公布され、一九二八年の普通選挙実施へとつながります。一九二八年の最初の普通選挙で、点字投票も認められました。これは、視覚障害者の市民権確保にとって画期的な出来事です。

とはいえ、当時はまだ点字の読み書きに慣れていない視覚障害者が多数いました（日本点字の考案は一八九〇年です）。そこで、『点字毎日』は点字による模擬投票を各地で行い、視覚障害者の権利保障を宣揚します。このキャンペーンを通じて、点字の識字率もアップしました。点字投票の促進は、『点字毎日』の潜在的な読者の掘り起こしという効果ももたらしたといえるでしょう。

次にライトハウスについて説明します。今日の聴講者は京都在住の方が多いので、京都ライトハウスを知っているという人がいらっしゃるかもしれません。京都をはじめ、全国各地に「ライトハウス」の名称を持つ視覚障害者施設が存在します。大阪の日本ライトハウスが本店で、その支店が各地に置かれているというわけではありません。各ライトハウスは、それぞれに地域に根差した独自の活動を展開しています。二〇世紀初頭、米国でライトハウス運動が提唱されました。ライトハウスとは、「灯台」を意味します。盲人に光を与える、目の見えない人たちが進むべき道を指し示すという理念の下、まず最初にライトハウスが創立されたのがニューヨークです。

その後、ライトハウス運動は世界に波及し、視覚障害者福祉をリードする「灯台」が各国に設置されました。日本初のライトハウスが大阪に設立され、本格的に活動を開始するのは一九三〇年代です。そのライトハウスの創業が一九二二年とされています。創業者は、自身も全盲の岩橋武夫です。岩橋が「点字文明協会」を名乗って、点字のエスペラント辞典を出版したのがライトハウスの創業とされています。岩橋は点字図書館、点字出版、職業・生活訓練など、さまざまな事業を手掛け、視覚障害者福祉の分野で大きな足跡を残しました。そんな岩橋が大正期に点字出版に先駆的に取り組んだこと、点字のエスペラント辞典が当時の視覚障害者たちに必要とされていたことは、日本における草創期の「灯台」の最優先任務が何だったのかを示しています。

エスペラントは世界共通語です。一八八七年にポーランドのザメンホフによって提案されました。エスペラントは平和運動などとも密接に関わっており、日本社会にも広範な影響を及ぼしていますが、本日の講座では詳しく紹介する時間がありません。大正デモクラシーの時代思潮の中で、多くの日本人がエスペラントに夢を託し、世界に目を向けるようになります。エスペラント運動では、初期から視覚障害者が関与しており、点字のエスペラント雑誌も発行されました。今日でも、国際エスペラント大会では、かならず「盲人分科会」が開かれています。

日本の盲人エスペラント運動を主導したのは盲目の詩人、ワシリー・エロシェンコです。エロシェンコは東京盲学校で日本語の点字を学び、当時の知識人、社会運動家と積極的に交流しました。エロシェンコから直接、エスペラントの指導を受けた視覚障害者は少なくありません。岩橋武夫をはじめ、日本の盲青年たちは、エスペラントを通じて世界の情報を集め、自己の世界観を磨きました。彼らにとって点字のエスペラント辞典は、世界に開かれた窓だったわけです。以上、近代の視覚障害者史において、点字はきわめて重要な意義を有していることが、『点字毎日』の発刊、日本ライトハウスの創業からもよくわかります。

レジュメでは、「なぜ琵琶法師・瞽女・イタコは前近代の日本で活躍できたのか」という問いを立ててみました。先の「耳なし芳一」論でも述べたように、文字を使わない宗教者・芸能者は日本の歴史のさまざまな場面に登場します。その代表が琵琶法師や瞽女、イタコなど、目の見えない職能者です。江戸時代以前は、文字を使わない社会生活が一般的でした。文字を使っていたのは、じつは貴族や武士、僧侶など、特権階級に属する人のみです。いわゆる民衆、庶民は、文字を使わない日常が当たり前で、そこには何の不自由もありませんでした。文字を使わない人がマジョリティである社会では、目の見えない宗教者・芸能者が堂々と個性を発揮できたのです。

　ところが江戸時代以降、社会の多数派が文字を使えるようになります。ご存知のように江戸時代には寺子屋教育が充実し、日本人の識字率は飛躍的にアップしました。世界的にみても、一七世紀以降の日本の識字率はきわめて高いものです。文字を使える生活が日常化すると、目の見えない宗教者・芸能者が活躍できる領域は徐々に狭くなっていきます。文字を「使わない」は、いつの間にか文字を「使えない」へと変化し、そこから差別も生じるのです。

　江戸から明治に至る大きな歴史の流れの中で、琵琶法師・瞽女・イタコたちの地位は相対的に低下します。「耳なし芳一」流に要約すれば、文字を使わない怨霊たちが、文字を使える和尚たちに駆逐されるのが近代化だといえそうです。さらに明治期に学校教育が制度化し、視覚障害者は文字を使えない人々として、排除・隔離されていきます。

　文字を使えないことで、肩身の狭い思いを強いられてきた視覚障害者に、恩恵をもたらしたのが点字の発明です。自らの手で読み書きできる点字を獲得することによって、ようやく視覚障害者は近代市民社会に仲間入りしました。視覚障害者が「使えない」を脱して、「使える」生活を享受できるようになるのが、大正デモクラシーの一つの成果です。繰り返しになりますが、「使える」を確実なものにするために、点字新聞、点字の辞典が必要だったといえるでしょう。

僕は、「点字の発明は、盲人を視覚障害者に転換した」と考えています。二つの言葉の僕流の定義は以下です。

盲人…目が見える人とは別世界の存在として生きた前近代の目が見えない人。琵琶法師・瞽女・イタコたちの盲人文化は独自性を持つが、排他的な側面も有していた。

視覚障害者…近代以降の目が見えない・見えにくい人。目が見えないことはマイナスであり、克服すべき「障害」と意識される。近代の視覚障害者史は「見えなくてもできること」を増やす苦労と工夫の歴史といえる。盲人は目が見えない人のみを指すが、視覚障害者には弱視者（目が見えにくい人）も包含されていることにも注意したい。

点字は視覚障害者の自立と社会参加にとって不可欠なツールということができます。僕自身が大学に進学し、今日、こうしてみなさんの前でお話しできているのも、まさに点字のおかげです。一方、点字の発明が、文字を使わない盲人芸能の衰退・消滅を惹起したことも看過できません。比喩的に表現すると、点字は多くの失明者に光を与えました。でも逆に、点字は盲人独自の「闇」を放逐する原動力にもなったのです。僕は、点字発明以後の視覚障害者をあえて「失暗者」と称しています。

ルイ・ブライユの再評価――ユニバーサルな触文化論の試み

ルイ・ブライユが点字を考案したのは一八二四年です。二〇二四年は、点字の考案から二百周年ということになります。余談ですが、日本の点字関係の書籍では、点字の考案は一八二五年となっているものが少なくありません。点字の母国であるフランスの最新の研究によって、考案の年が一年早くなりました。日本語の書籍でも、遠からず一八二四年説が主流になると思います。

ルイ・ブライユが点字の一覧表を完成し、それをパリ盲学校の校長先生に伝えて、書きとってもらう。これは明確な記録が残っています。従来はこの史実をもって、点字の考案は一八二五年とされてきました。しかし、校長先生に一覧表を書きとってもらう前に、盲学校の生徒、視覚障害の当事者の間で点字の文通、コミュニケーションがなされていた。残存するルイ・ブライユの手紙などの史料を元に、点字はすでに一八二四年には実用段階に入っていたことが、近年の研究で証明されました。

ルイ・ブライユは一八〇九年生まれなので、一八二四年なら一五歳、一八二五年なら一六歳です。この一年の差は大きいでしょう。つまり、点字の考案が一八二四年なら一五歳、中学三年生となります。一八二五年なら一六歳、高校一年生です。やはり偉大な発明は中学生によってなされたとする方が、インパクトが増しますね。一五歳なのか一六歳なのかはさておき、ルイ・ブライユが天才であるのは間違いないでしょう。二百周年の記念行事が一年早くなりそうなので、ルイ・ブライユは戸惑っているかもしれません。

点字考案二百周年と聞いても、あまりピンとこないという人が多いでしょう。でも、百年に一度のチャンスに巡り合うのは貴重です。点字考案三百年の二一二四年には、僕はこの世にいません。そうなると、二百周年の二〇二四年は最初で最後の記念年です。「健康が常」な状態で二〇二四年を迎えられる（だろう）ことに感謝しつつ、博物館で働く者として、二百周年を盛り上げなければと、あれこれ妄想（盲想）を広げています。

僕は点字に触れて四〇年、筋金入りの触読者です。点字に対する思い入れは人一倍強いと自負しています。ここで、点字を使う私たち（視覚障害者）と、点字を使わないあなたたち（健常者）という二項対立を乗り越えるには、どうしたらいいでしょうか。たしかに、点字は視覚障害者にとって大切だろう、ルイ・ブライユは視覚障害者の恩人であるのはよくわかる。でも、目が見える自分にとって点字は必要ないし、点字を読み書きしなくても、何も困らない。そんな健常者たちに点字を身近なものとして感じてもらうのが僕の課題です。「私たち／あなたたち」の区別を超えて、「みんなの点字」を実感できる仕組みを構築したいと願っています。

「みんなの点字」を実現するためのキーワードが〝点字力〟です。〝点字力〟は「少ない材料から多くを生み出すしたたかな創造力」「常識にとらわれないしなやかな発想力」によって構成されます。以下、この二つの要素について解説しましょう。ルイ・ブライユは、フランスの軍隊で使われていた暗号にヒントを得て、点字を考案しました。この暗号は「夜の文字」と呼ばれています。縦六点、横二点、合計一二個の点、および短い線（ダッシュ）の組み合わせで、短文を書き記すことができました。

ルイ・ブライユは「さわってわかりやすい」「より速く正確に読み書きできる」という観点で、この触覚暗号の改良に取り組みます。まずダッシュの使用を取りやめ、点の数を絞り込んでいくのです。最終的に彼は一二点を半減し、六点に至ります。わずか六点の組み合わせでアルファベット、数字、各種記号、楽譜まで書き表せるのが点字の特徴です。ユネスコの調査によると、現在、一二〇以上の言語に対応する点字が世界で用いられています。点字考案の根底には、少ない材料から多くを生み出す「最小化＝最大化」の精神が脈打っているといえるでしょう。現代は大量生産・大量消費の時代です。しかし、「量」を増やす近代化の思想は、すでに限界を露呈しています。今こそ、点字に込められた「最小化＝最大化」の知恵が人類に必須なのではないでしょうか。

次に、しなやかな発想力についてです。点字考案以前、盲学校では凸文字（浮き出し文字）の教材が使用されていました。通常、みなさんが目で見る文字は線文字ですね。ひらがな・カタカナ・漢字、アルファベットなど、すべては線の組み合わせで書かれます。この線文字を触知できるように加工したのが凸文字（浮き出し文字）です。日本では木や紙のみならず、蠟盤や松脂、瓦などが浮き出し文字の素材として使われました。浮き出し文字は美しい工芸品ですが、それを作るためには時間がかかります。また、触覚で線文字を読み取るのも一苦労です。まして、視覚障害者が自力で書くのは難しい。それでも、一九世紀前半の視覚障害教育の現場では、「文字は線で表すもの」「目が見える者と、目が見えない者は同じ文字を使うべき」という常識が支配的でした。

ここで登場するのがルイ・ブライユです。「文字は線で表す」という常識は視覚には当てはまるが、触覚には触覚に適した文字があるべきだ。こんな当事者発の思考で、ルイ・ブライユは健常者（多数派）の論理をしなやかに飛び越えるのです。線よりも点の方が、触覚では速く読み書きできる。これは客観的な事実ですが、点字が盲学校で公認されるまで、長い時間がかかりました。ルイ・ブライユは点字を考案した天才であるばかりでなく、点字の有効性を粘り強く主張し続けた不撓不屈の人だったことも強調しておきます。

常識を疑い、固定観念を打破する。これは、現代の学校教育がもっとも重視すべき根本命題です。常識を教え、常識に従うだけでは、人間の進歩はありません。常識にとらわれない柔軟な発想、常識を覆す勇気を点字の歴史から学ぶことができます。「みんなの点字」プロジェクトを通じて、学校教育の常識を改変していきたいですね。

僕は最近、「点字は触文化への気づき、触文化からの築きを促すユニバーサルなツールである」と力説しています。一九九六年以降、小学四年生の国語教科書で「点字」が取り上げられるようになりました。二〇一九年度まで、光村図書の国語教科書に掲載されていたのが「手と心で読む」という文章です。中途失明者で、岡山の盲学校の教員をされていた大島健甫さんが、この文章を執筆されました。

「手と心で読む」がきっかけとなり、点字の体験学習を取り入れる学校が増えています。教室に視覚障害の当事者を招いて、講演を聴く授業も行われるようになりました。自我が芽生える一〇歳前後で、点字や障害など、自分とは異なる「生き方＝行き方」(Way of Life)に接するのは、きわめて有意義だと思います。現在、ルイ・ブライユは「子どもはみんな知っているけど、大人はあまり知らない有名人」です。

点字に関心を持つ人が増えるのはありがたいし、小学生時代に点字に触れた子どもが成長すれば、社会の視覚障害者イメージも変わっていくでしょう。実際に、この四半世紀で、日本の視覚障害者を取り巻く環境が改善されたのは確かです。教科書掲載、体験学習の導入は、「みんなの点字」を具現する第一歩として評価できます。

それでは、学校において点字はどのように教えられ、伝えられているのでしょうか。残念ながら、現状では「点字＝目の不自由な人が使う特殊な文字」というのが一般的な理解です。パラリンピックと同じように、やはり点字は視覚障害者のための文字という常識で終わっています。ここにも二項対立の壁があるわけです。「世の中には点字を使って生活する障害者がいます」「困っている障害者に出会ったら、助けてあげましょう」。点字を通して物理的・精神的なバリアフリーについて考える。もちろん、こういった学習も大事ですが、障害者の努力と、それを支援する健常者の優しさのみが強調される授業には違和感があります。

小学校の国語教科書に「点字」が取り上げられるようになって、二五年が経過しました。日本におけるルイ・ブライユの知名度は、世界的にみてもたいへん高い。この二五年の成果を土台として、そろそろ次の段階に進むべきではないかと考えています。点字は特殊な文字でもなければ、視覚障害者の専有物でもない。さわる楽しさ、豊かさに出合う文字どおりの手がかりとして、点字に親しんでほしい。そして、点字から新たな「さわる文化」を構築する。点字考案二百周年の二〇二四年に向けて、ユニバーサルという切り口で点字の社会的位置付けを問い直していければと願っています。視覚障害者のための点字から、みんなの点字へ。〝点字力〟の体現者という視点を加え、ルイ・ブライユの再評価を訴えていく所存です。

人類の進歩と調和の先にあるもの

最後に、二〇二五年の大阪・関西万博について話をします。僕は「障害／健常」の二項対立をどうやって崩すことができるのか、試行錯誤を繰り返してきました。このライフワークの一つとして、博物館での「さわる展示」の開発・普及があります。点字のユニバーサル化、普遍的な価値の追求も、二項対立の超克が最終目標です。二項対立の近代的な世界観・人間観を乗り越えた先に何があるのか。その問いに対する答えを二〇二五年の万博で示すことができるのではないかと期待しています。

僕は豊中市在住の大阪府民ですが、二〇二五年の万博の具体像はまだ明確ではありません。みんなで万博を盛り上げようという意識も、さほど強くないように感じます。これは大阪の問題ではなく、万博という近代的な文化装置が迷走しているのかもしれません。先ほど述べたように、一九七〇年の万博は「世界の珍しい物を見る」ということで、六四〇〇万人の来場者を集めました。でも、二一世紀の日本において、「世界の珍しい物を見る」だけでは、万博に人を引き付けることはできないでしょう。

では、二一世紀の万博は何をめざすべきなのか。生意気な言い方になりますが、万博関係者が悩み、迷っていて、曖昧で抽象的なコンセプトしか出せないのが現状です。僕は勝手に「世界を見せる万博から、世界観に触れる万博へ」と、大風呂敷を広げています。このキャッチフレーズは、「見せる」（視覚）から「触れる」（触覚）へ、世界（国）から世界観（人間）へのパラダイムシフトを意図する僕の持論を集約したものです。僕の単なる思い付きですし、まだ賛同者はいません。でも、二一世紀の万博を活性化する寸言として、各方面に売り込んでいけるのではないかと、一人で盛り上がっています。

今日、お話ししてきたように、視覚障害者は健常者（マジョリティ）とは違う世界観の持ち主です。二〇二二年、二〇二四年の点字関連の記念行事を通じて、視覚障害者の存在を広く社会にアピールする。そこから「多様性に気づく」「多様性を築く」潮流が生まれます。言葉は悪いけれど、多様な世界観を掲げて、視覚障害者が二〇二五年の大阪・関西万博に殴り込みをかける。二〇二一年の民博の特別展は、万博の前哨戦となる可能性を秘めています。

二〇二五年の万博のテーマは「いのち輝く未来社会のデザイン」です。正直、斬新さはないし、何を言いたいのか、よくわかりません。このテーマの英訳は、「Designing Future Society for Our Lives」です。英語になると、意味がはっきりします。僕が気になるのは「Our Lives」という言葉です。この語に、僕は疑問と希望を抱きます。「Our Lives」、すなわち私たちの生活、私たちの生命といった時、そもそも「私たち」とは誰を指すのでしょうか。おそらく、意識的・無意識的に「私たち」から除外される人がいるわけです。

一九七〇年の万博のテーマは、「人類の進歩と調和」でした。この万博の跡地に建てられたのが、僕が勤務する国立民族学博物館です。一九七四年の創設以来、民博は「人類の進歩と調和」の理念を継承し、文化相対主義に基づく研究を展開してきました。民族学・文化人類学の知見をベースとして、人類の共生の可能性を多角的に探ってきたともいえるでしょう。人種や宗教、最近ではジェンダーや移民問題など、「人類の進歩と調和」の課題は多岐にわたります。民博では先住民をはじめ、多様なマイノリティ集団に着目し、その実像を伝える展示を数多く公開してきました。在日外国人の暮らしを紹介する「多みんぞくニホン」は、民博ならではのユニークな常設コーナーです。また音楽展示では、被差別部落と浅からぬ関係にある太鼓の制作・演奏も取り上げています。

民博は「世界観に触れる」博物館として、共生の課題解決に向けて歩んできました。しかし、そんな民博においても、「障害」が真正面から論じられることはほとんどなかったのです。障害当事者が研究や展示に関わる機会が極端に少ないことが、その理由かもしれません。一九七〇年から今日に至るまで、「人類の進歩と調和」の埒外に置かれた人々がいます。その代表が障害者だといえるでしょう。障害者は、いわば最後のマイノリティ集団なのです。

「Our Lives」にどうやって、どこまで多様な人々を包摂していけるのか。二〇二五年の大阪・関西万博が、私たち（「人類の進歩と調和」に含まれる者）と、彼ら（「人類の進歩と調和」に含まれない者）との真の共生を具現できるのか。僕の中では疑問が四割、希望が六割というところです。疑問を減らし、希望を増やすためには、僕たち障害当事者が積極的に発言していかなければなりません。黙っていたら、マイノリティは忘れられてしまいます。殴り込みはちょっと過激ですが、「私たち」から除外されてきた「彼ら」が、それぞれのスタンスで「Our Lives」に揺さぶりをかけることが大切でしょう。

二〇二一年の民博の特別展から「Our Lives」の人類学的探究が始まります。いきなり、こんなことを言ったら、万博協会の方はびっくりされるでしょう。でも、同じ大阪でのイベントなので、僕の一方的なラブコールを寛大に受け入れてもらえたら嬉しいです。特別展で「Our Lives」についてより深く考察するためのキーワードとして、僕は「目の見える触常者」を用いています。

本日の講演で、僕は「障害がある人」「障害がない人」という陳腐な二分法に対し、異議申し立てをしてきました。たしかに、障害の有無に関係なく、誰もが快適に生きることができる社会はすばらしい。また、差別解消を求め闘ってきた障害者運動の成果も重要です。とはいえ、二項対立を前提としていては、いつになっても「Our Lives」から疎外される人が出てしまいます。

そこで、僕は「障害／健常」の二項対立を打ち破ることを狙いとして、「見常者・触常者」という新たな呼称を提案しました。視覚優位の現代社会にあって、本日の聴講者を含め、世間の大多数の人々は「見ることを常とする人＝見常者」です。先述したように、僕は「健康が常」なのに、健常者ではありません。どうしても、ここに割り切れなさがあります。でも、僕が見常者ではないのは明らかです。一般に、目の見えない人は触学・触楽が得意なので「触常者」と呼ぶことができます。「障害／健常」とは異なる区分を提示し、既存の二項対立概念に揺さぶりをかける。僕がめざすユニバーサル・ミュージアムとは、単純な障害者対応ではありません。見常者と触常者の異文化間コミュニケーションを促進するのがユニバーサル・ミュージアムの眼目なのです。

二〇二一年の特別展を契機とし、僕は「目の見える触常者」を増やしていこうと考えています。僕が見常者になることはできませんが、見常者が触常者になるのは可能です。普段、視覚に頼って生活している見常者たちに、触覚のおもしろさ、豊かさを伝える。見常者の間に触覚活用が広がれば、視覚優位の世界観も変わるはずです。「君も僕も芳一になろう」。さあ、「琵琶なし芳一」プロジェクトが始まります。

見常者を触常者化する特別展。目の見えない触常者と、目の見える触常者が触れ合う特別展。「障害とは何なのか、健常とは何なのか、よくわからなくなった」。こんな感想が特別展の来場者から寄せられることを楽しみにしています。きっと特別展のカオスの中から、「Our Lives」の未来の姿が浮かび上がってくるでしょう。二〇二一年〜二〇二五年の五年間で、どれだけ「目の見える触常者」を育てていけるのか。まずは特別展の成功に向けて、コロナに負けず、しっかりと準備を進めていきます。

本日は、まとまりのない講演になってしまいました。芳一や点字、さらには万博のことなど、いろいろお話ししましたが、見常者にさわる文化の魅力を伝えるという点は共通しています。講演内容を一言で要約すると、「特別展を開くので、ぜひ来てください」ということになるでしょうか。もちろん、一時間半もかけて、身勝手な宣伝をしたわけではありません。特別展は近代的な世界観、二項対立の人間観に改変を迫る大事業です。視覚偏重の「Our Lives」を問い直す壮大な実験場でもあります。特別展から生まれる接触と触発の連鎖は、たくさんの見常者を巻き込んでいくでしょう。二〇二五年の大阪・関西万博に殴り込みをかける「目の見えない触常者」の挑戦をご支援ください。

おわりに――「誰一人取り残さない社会」は幸せなのか

近年、ＳＤＧｓとの関連で「誰一人取り残さない社会」という語をよく耳にする。ふと気づくと、いつの間にか僕は五〇歳を過ぎ、日常生活において「昔はできたのに」「こんなこと、以前はなかった」と感じる場面が増えている。高齢者となることへの不安もあるが、「できない」と向き合い、自らの「老い」をフィールドワークするのはおもしろい。

一方で四〇年以上、全盲の視覚障害者として生きてきて、日本社会がマイノリティにとって暮らしやすい環境整備に取り組んできたとも実感する。本書の原稿は、僕が画面読み上げソフトを駆使してパソコンで完成させた。固有名詞の漢字、書籍の発行年なども、インターネットで簡単に確認できる。原稿の内容に関する打ち合わせ、スケジュール調整は担当編集者とのメールのやり取りで進められる。便利な時代に研究活動ができて、ほんとうによかったと感謝する日々である。

そんな僕だが、「誰一人取り残さない」には強烈な違和感を抱く。「取り残さないって、誰が主語なの？」「そもそも、誰が誰を取り残さないのだろうか」。「取り残さない」という語には、マジョリティ側の表面的な優しさ（危うさと怪しさ）が内包されているのではなかろうか。「いいさ、社会が誰一人取り残さない方向に進むなら、僕はあえて取り残される側に立って発言を続けよう」「だから、ツルツル画面のスマホは使わずに、凸凹ボタンのガラケーを使い倒してやろう」（スマホに乗り換えられないのは、単に僕がICT音痴だからという説もあるが）。ひねくれ者と言われてしまうかもしれないが、僕はマイノリティとして生きること、マイノリティがごく自然に暮らせる社会を創ることにこだわってきたし、これからもこだわっていきたいと思っている。

「誰一人取り残さない」という発想を拒否する僕の背景には、「ユニバーサル・ミュージアム」の研究に長年関わってきた経験と自負があるのは間違いない。僕が公的な場で初めて「ユニバーサル・ミュージアム」という語を使ったのは、二〇〇六年の企画展「さわる文字、さわる世界」開催時である。本展のサブタイトルが「触文化が創りだすユニバーサル・ミュージアム」だった。僕はユニバーサル・ミュージアムの日本語表現として、「誰もが楽しめる博物館」を用いた。

あれから一五年以上の時間が経過した。この一五年の僕の研究は、「誰もが楽しめる」に肉付けするための試行錯誤の積み重ねであったと総括できる。僕の思考は「視覚障害者が楽しめる」→「視覚以外の感覚を活用する」→「視覚依存の現代社会のあり方を問い直す」というプロセスで進化・深化してきた。ユニバーサル・ミュージアムの具体像を探究してきた僕は今、自信を持って「誰一人取り残さない」と「誰もが楽しめる」はまったく異なる概念であると断言できる。

今日に至るまで、僕は「ユニバーサル・ミュージアム」を副題に入れた編著書をいくつか刊行している。しかし、単著のタイトルで「ユニバーサル・ミュージアム」を使用するのは本書が最初である。また、これまでに「ユニバーサル・ミュージアム論」という用語は積極的に使ってきたが、本書で僕は新しい枠組みとして「ユニバーサル・ミュージアム学」を（躊躇しながらも、堂々と）提案した。

論から学へとユニバーサル・ミュージアム研究を展開させるキーワードが「文明」である。明治維新期の日本では、さまざまな方法と担い手によって近代的な国民国家像（独立自存）が模索された。資本主義の世界システムに適応するための一連の社会変革の動きを「文明開化」と呼ぶことができる。文明とは、物理的に生活が豊かになるのみならず、人間の精神性（知徳）を向上させる営みであるのは重要だろう。文明開化の流れから取り残される人がいたことは忘れてはならないが、僕は「誰もが楽しめる」を実現するために、近代日本をはじめ、世界各地の「文明の興亡」に学ぶ点は多いと考える。

この本は、「ユニバーサル・ミュージアム学」の誕生を高らかに宣言する知的冒険の書といえる。ユニバーサル・ミュージアム学は歴史学・人類学・博物館学・障害学など、多様な学問分野を横断・統合する脱近代の新たな知の体系である。本書が博物館・福祉関係者だけではなく、幅広い読者に受け入れられることを期待したい。そして、この新しい学に対し、各方面からの批判も含め、率直なご意見をいただければ嬉しい。

本書は『目に見えない世界を歩く』(二〇一七年)に続き、僕にとって二冊目の平凡社新書となる。前著は、「目に見えない世界」の魅力を多くの人に伝える「広さ」を重視する著作だった。他方、本書の主題はユニバーサル・ミュージアムの意義を掘り下げる思索と対話に基づく「深さ」だといえよう。

本書を担当してくださったのは、平凡社の岸本洋和さんである。統一感のある書籍にするために、章立てなどに関して、岸本さんから有益なアドバイスをいただいた。拙著の書名選びでは、いつも頭を悩ませる。今回も岸本さんと「タイトル考え虫」「こんなん、どうでっしゃろ?」という件名のメールを頻繁に交換した。書名決定に向けて、ああだこうだと議論を重ねる過程で、僕自身の本書への愛着が強くなり、この本で読者に何を訴えたいのかを熟考することもできた。「考え虫」をしっかりサポートしてくれた岸本さんに、この場を借りてお礼申し上げる。

「ユニバーサル・ミュージアムとは何か」は今後も引き続き自分に問いかけ、その成果を社会に発信していきたいテーマである。さあ、僕は「取り残す」側ではなく、あくまでも「取り残される」立場を堅持しよう。「取り残される」者たちの言葉が「誰もが楽しめる」社会、文明をひらくことを信じて!

二〇二三年六月　冷たい雨が全身の触角をくすぐる晴れやかな日に

広瀬浩二郎

本書は以下の初出原稿を大幅に加筆したものです。なお、それ以外の文章は書き下ろしです。

第一部

1　ポプラ社こどもの本編集部 note「失明得暗――新たな「ユニバーサル」論の構築に向けて」①～③　二〇二二年五月七日～六月四日掲載

2　一月「檸檬新報」第一五号　二〇二一年
八月「みんぱく e-news」第二四二号　二〇二一年
九月「月刊みんぱく」二〇二一年九月号
一〇月「毎日新聞」大阪版夕刊　二〇二一年九月四・一一・一八・二五日付「旅・いろいろ地球人」

3　一一月「Minpaku Anthropology Newsletter」№53　二〇二一年（原文は英語）
一二月「日本経済新聞」二〇二一年一二月一九日付

4　「intoxicate」二〇二〇年六月号

5　茂木一司他編『視覚障害のためのインクルーシブアート学習』（ジアース教育新社　二〇二一年）
東海大学松前記念館「手の世界制作」展図録　二〇二一年

第二部

1　「京都新聞」二〇二一年五月一四日付「日本人の忘れもの 知恵会議」
2　「京都新聞」二〇二一年四月五日付「日本人の忘れもの 知恵会議」
3　「京都新聞」二〇二一年六月八日付「日本人の忘れもの 知恵会議」
4　「京都新聞」二〇二一年七月六日付「日本人の忘れもの 知恵会議」
5　「京都新聞」二〇二一年八月三日付「日本人の忘れもの 知恵会議」
6　「京都新聞」二〇二一年九月七日付「日本人の忘れもの 知恵会議」
7　「現代思想」二〇二一年一一月号（特集「ルッキズムを考える」）

視覚障害などを理由として必要とされる方に、本書のテキストデータを提供いたします。ご希望の方はメールアドレスを明記し、下記のテキストデータ引換券（コピーは不可）を同封の上、以下の住所までお申し込みください。

〈宛先〉
〒101-0051　東京都千代田区神田神保町3-29
平凡社　新書編集部
『世界はさわらないとわからない』テキストデータ係

『世界はさわらないとわからない』
テキストデータ
引換券

【著者】
広瀬浩二郎（ひろせ こうじろう）
1967年、東京都生まれ。国立民族学博物館准教授。自称「座頭市流フィールドワーカー」「琵琶を持たない琵琶法師」。13歳の時に失明。筑波大学附属盲学校から京都大学に進学。2000年、同大学院にて文学博士号取得。専門は日本宗教史、触文化論。「ユニバーサル・ミュージアム」（誰もが楽しめる博物館）の実践的研究に取り組み、“触”をテーマとするイベントを全国で実施。21年、国立民族学博物館において特別展「ユニバーサル・ミュージアム――さわる！“触”の大博覧会」を担当。『目に見えない世界を歩く』（平凡社新書）、『それでも僕たちは「濃厚接触」を続ける！』（小さ子社）など著書多数。

平凡社新書1008

世界はさわらないとわからない
「ユニバーサル・ミュージアム」とは何か

発行日――2022年7月15日　初版第1刷

著者――広瀬浩二郎

発行者――下中美都

発行所――株式会社平凡社
〒101-0051 東京都千代田区神田神保町3-29
電話 (03) 3230-6580［編集］
(03) 3230-6573［営業］

印刷・製本―図書印刷株式会社

装幀――菊地信義

ISBN978-4-582-86008-5
平凡社ホームページ　https://www.heibonsha.co.jp/